COMMENT GARDER LE MORAL

MÊME PAR TEMPS DE CRISES

PATRICIA DELAHAIE

COMMENT GARDER LE MORAL

MÊME PAR TEMPS DE CRISES

LE LIVRE DE POCHE

REMERCIEMENTS

Merci à tous ceux qui ont bien voulu illuminer ce livre de leur bonne humeur, en particulier : Antoinette, Carine, Cécile et Christophe, Filobert, Géraldine, Guilhaine, Marie-Dominique, Natacha, Prune, Renaud, Sébastien, Souleymane, Thierry, Véronique, Zinédine. Merci à Daniel Penchemel pour ses éclairages si pertinents.
Merci à toute l'équipe du Livre de Poche de m'avoir si bien accompagnée, en particulier à Delphine Leperchey.
Merci à Julos Beaucarne de m'avoir autorisée à reproduire sa « lettre » qui m'a marquée à jamais.

À Hubert, Vincent et Sébastien, mes amours.
À Hervé et Agnès, mes soleils.

SOMMAIRE

DEUXIÈME PARTIE
Les relations avec les autres

TROISIÈME PARTIE
Face à la vie

Rire souvent et sans restriction ;
s'attirer le respect des gens intelligents
et l'affection des enfants ;
tirer profit des critiques de bonne foi
et supporter les trahisons des amis supposés ;
apprécier la beauté ;
voir chez les autres ce qu'ils ont de meilleur ;
laisser derrière soi quelque chose de bon,
un enfant en bonne santé, un coin de jardin,
une société en progrès ;
savoir qu'un être au moins respire mieux
parce que vous êtes passé en ce monde ;
voilà ce que j'appelle réussir sa vie.

Ralph Waldo EMERSON (1803-1882).

INTRODUCTION

Avoir le moral... L'expression évoque la vitalité des enfants. Ils ne sont pas constamment joyeux. Ils pleurent, ils rouspètent, ils crient, certains mordent et ils sont parfois d'un sérieux qui étonne, mais ils ne se découragent jamais. Quelles que soient les difficultés, les larmes, les déceptions, les contrariétés, ils repartent à l'assaut de la vie avec enthousiasme. Un rien les amuse, un rien les distrait. Ils sont curieux, avides d'expériences et de nouveautés. Dans les six premières années de leur vie, ils font des avancées spectaculaires en passant d'un état quasi végétatif à celui de petite personne sachant courir, lire (ou presque), communiquer et se comporter avec civilité : on ne parle pas à une vieille dame comme à sa bonne copine.

Bien sûr, ils ont fait des bêtises, des erreurs, ils ont eu honte, ils ont eu peur, ils se sont sentis minuscules, mais ils n'ont jamais baissé les bras sauf pour sombrer dans un sommeil de plomb. Et si c'était cela avoir le moral : progresser, se tromper, s'attrister, rire, se sentir fort ou faible, essuyer des drames mais continuer d'avancer sans jamais se décourager de vivre ?

Dès la naissance, il est des tempéraments plus ou moins enjoués. Certaines personnes gravitent spontanément vers le positif : elles sont joyeuses, optimistes et faciles à vivre tandis que d'autres penchent vers l'austérité, la tristesse.

Les « bonnes natures » auraient le lobe préfrontal gauche plus actif que le droit et un taux de sérotonine plus élevé dans le sang. À cela s'ajoute un contexte familial plus ou moins propice. Avoir connu une enfance insouciante est un atout. Il est plus difficile d'être heureux quand on a été les parents de ses parents, dépassés par leurs problèmes. L'aptitude à la bonne humeur est enfin une question d'époque, de culture. Le XIXe siècle français était mélancolique. Le bouddhisme invite à savourer le présent. Certains peuples aiment râler, critiquer – une façon, pour eux, d'avoir « de l'esprit ». D'autres cultivent un formalisme sérieux : « Cache ta joie ! » semble la consigne. Ailleurs, la pensée positive est obligatoire, les constats lucides passant pour une sorte de « névrose ». Ailleurs encore, la bouderie est punie. Dans certains villages Dogon au Mali par exemple, quand un enfant se tait ou s'attriste, on ne lui adresse plus la parole. Pas étonnant que petits et grands affichent un sourire rayonnant !

Sur ce fond d'inné et d'acquis, nous sommes tous soumis à des fluctuations d'humeur – des hauts et des bas, des moments ensoleillés et des coups de déprime – qui prouvent notre bonne santé mentale. Comme tout être vivant, nous changeons d'état. Comment être une personne équilibrée sans ressentir les effets, sur notre moral, de ce qui arrive en nous, pour nous et autour de nous ? Peut-on planer dans un monde idyllique et naïf quand le journal de 20 heures déverse son flot de catastrophes, quand un raz-de-marée fait des millions de morts, quand le terrorisme tue, quand des enfants crèvent de faim sous les yeux de leurs mères exsangues ? Peut-on se réjouir quand frappent autour de nous la maladie, la mort, quand nous sommes mis à la porte après des années de bons et loyaux services, trahis par un amour ou un ami ? L'injonction actuelle à « positiver » quoi qu'il arrive nous renvoie une image de « sous-doués du bonheur ». Comme si l'être humain n'était pas pétri de contradictions, traversé par des états d'âme, tantôt gais, tantôt tristes. Comme si nous pouvions être épargnés par des doutes, des peurs, des colères qui, certains jours, nous entraînent dans un sillage d'idées noires difficiles à rassurer.

Un idéal de bonheur fondé sur « l'euphorie perpétuelle » (pour reprendre une expression de Pascal Bruckner[1]) nie notre humanité et la réalité de la vie. Garder le moral ne consiste pas à devenir aveugle ou indifférent, au contraire ! C'est justement parce que la tragédie n'est jamais loin qu'il faut se résoudre à « un bonheur en miettes », selon Albert Memmi[2], un bonheur qui se compose de moments à saisir, cultiver, savourer.

Mais comment faire ? Commençons par être optimistes. L'espèce humaine – si faible – n'aurait jamais survécu si elle ne possédait une faculté d'adapta-

---

1. Pascal Bruckner, *L'Euphorie perpétuelle. Essai sur le devoir de bonheur*, Grasset, 2000 ; Le Livre de Poche n° 15230.
2. Albert Memmi, *L'Exercice du bonheur*, Arléa-poche, 1998.

tion extraordinaire. Nos immenses ressources restent insoupçonnées tant que nous n'avons pas à les mobiliser. Vive la crise qui révèle notre inventivité, notre courage et notre puissance relationnelle. Nous sommes beaucoup plus forts que nous ne le croyons ! Autre raison d'être optimiste : la souffrance, la déprime ont des limites. Devant une amie effondrée à la mort de sa mère, une jeune fille constate : « Tu atteins le fond de la souffrance, elle ne peut pas aller plus loin » et c'est vrai : l'équilibre finit toujours par nous rattraper. La crise passée, nous retrouvons cette joie de vivre que nous croyions perdue jusqu'au nouveau déséquilibre car la vie nous bouscule. À moins qu'il nous faille du changement car il nous faut évoluer, avancer, progresser pour nous sentir vivants : « Tout le malheur des hommes vient d'une seule chose, qui est de ne pas savoir demeurer en repos dans une chambre » écrivait le philosophe Pascal[1]. Cette impossibilité fait leur malheur, peut-être, mais aussi leur bonheur. Quel moral nous avons quand quelque chose nous porte en avant : un objectif, des projets, un enjeu ! Comme il est difficile de s'installer dans la saveur des choses, de nous contenter de ce que nous possédons déjà – ce qui fit écrire à Raymond Radiguet : « Bonheur, je ne t'ai reconnu / Qu'au bruit que tu fis en partant[2]. »

Comment articuler toutes ces contradictions ? Avoir le sentiment d'avancer sans se déséquilibrer ? Savoir se

---

1. Blaise Pascal, *Pensées*, Le Livre de Poche n° 16069.
2. Raymond Radiguet, *Les Joues en feu*, Grasset, collection « Les cahiers rouges », 2012.

réjouir tout en continuant à se projeter dans l'avenir ? En tout cas, il s'agit plus d'une disposition intérieure que de biens matériels. D'être que d'avoir. Certes, le manque d'argent nous mine. Ce sont des soucis, des angoisses, des peurs... L'argent ne rend pas heureux mais il rend libre de se consacrer à autre chose qu'à en trouver, en gagner. En avoir enlève donc une sacrée épine du pied ! Cela dit, à budget égal, certains se plaignent : ils n'ont jamais assez et ils n'auront jamais assez car le « toujours plus » est une fuite en avant, un désir jamais rassasié. D'autres gardent « une pêche d'enfer » malgré la crise, malgré les soucis, malgré une enfance parfois terrible : comment font-ils ? Où puisent-ils leur énergie ? Ont-ils des trucs, des secrets, une philosophie qui les mettent à l'abri des déprimes durables ?

Pour le savoir, j'ai mené une enquête auprès de dizaines d'hommes et de femmes de conditions et d'âges très différents. Parmi eux, le plus jeune, Zinédine, a 23 ans ; il a grandi en banlieue. La plus âgée, Jacqueline, a 82 ans. Dans sa jeunesse, elle était chanteuse et membre du parti communiste. Hugues, lui, a 52 ans. Il est banquier. Sophia, 40 ans, est infirmière... D'autres sont pères et mères de famille. À leur façon, tous ont fait le même constat : « Je déteste être malheureux. » Une lapalissade, me direz-vous : personne n'aime être malheureux... Oui, mais ils vont plus loin. Ils ont une démarche active. En général, nous réfléchissons quand ça va mal. Eux pensent surtout quand ils vont bien. Ils ne sont pas très au courant de leurs « traumatismes ». En revanche, ils connaissent par cœur les rouages de leur bonne humeur. Ils savent quand, comment, avec qui, en faisant quoi ils se sentent bien. Ils mettent tout en œuvre pour extraire de la vie un maximum de joies, de plaisirs, de satisfactions. Avec constance, ils organisent leur existence pour s'en réjouir et, quand ils ont une baisse de forme, ils s'efforcent de remonter la pente, aussi vite que possible. Ils ont appris à se connaître mais sur d'autres plans que les plus pessimistes. Certes, ils ont repéré leurs points faibles, leurs fragilités, les circonstances qui les dépriment mais ils connaissent surtout leurs forces, leurs ressources, leurs appuis. Ils ont des réponses aux grandes questions : qui suis-je ? À quoi je sers ? Et des petites stratégies, des « trucs » pour « se tenir en joie », comme l'écrivait Spinoza[1].

Cette enquête vous livrera leurs secrets. Elle vous invite à une promenade au cœur de la joie de vivre. Comment la trouver, l'entretenir, la partager ? Il est des solutions communes à tous et d'autres qui n'appartiennent qu'à vous. J'espère qu'au fil de ces pages vous reconnaîtrez les vôtres et en trouverez d'autres. Mon objectif est qu'en refermant ce livre vous ayez le sourire, encore plus qu'aujourd'hui, et une vitalité d'enfant croquant dans la vie avec enthousiasme. C'est possible, même par temps de crises !

---

1. Spinoza, *Éthique*, Le Livre de Poche n° 32202.

PREMIÈRE PARTIE

LA RELATION
À SOI-MÊME

CHAPITRE I

AVOIR LE BONHEUR EN TÊTE

Freud nous avait prévenus : nous sommes bourrés de contradictions, animés de forces positives et négatives, ballottés entre une pulsion de vie (Éros) et une pulsion de mort (Thanatos), partagés entre l'envie de construire pierre après pierre notre bonheur et celle de faire table rase du passé, à la fois contents de vivre et « jamais contents, carrément méchants », comme le chante Alain Souchon. Avoir le moral, le garder, l'améliorer est possible mais parfois compliqué. N'espérons pas être « super heureux » de prendre le métro aux heures de pointe ou de faire la queue chez Franprix ! Dans la vie quotidienne, quoi qu'en disent les pubs, « laver plus blanc que blanc » ne suffit pas à nous réjouir. Espérer avoir un moral d'acier tous les jours de la semaine, tous les mois de l'année, conduit tout droit à la déception, voire à la culpabilité. On nous vend le bonheur comme quelque chose qui s'achète, se travaille et se gagne au prix d'efforts et de volonté sur soi-même, mais nous sommes humains, donc inconstants, donc imparfaits.

Cependant, première bonne nouvelle : si nos joies sont capricieuses, nos peines le sont aussi. Seconde bonne nouvelle : avouons qu'il nous arrive d'éprouver des plaisirs au cœur du chagrin, des petits bonheurs annexes à la contrariété. Nous revoyons un lointain cousin adorable à l'occasion d'un enterrement : c'est un plaisir. Une amie se décommande à la dernière minute : c'est une contrariété, mais nous allons pouvoir nous délasser dans un bon bain... Les hommes et les femmes qui ont le moral s'attachent plus à ces aspects positifs des choses. Leur bon moral est une tournure d'esprit qui les conduit à transformer le plomb en or. Mais ce n'est pas ce qui les caractérise le mieux. En fait, ils prennent soin de leur état d'esprit comme d'autres surveillent leur état de santé. Ils se demandent régulièrement comment se faire du bien, s'encourager, ne pas sombrer dans la morosité ambiante. Ils s'interdisent les idées noires, ils évitent de se mettre en déséquilibre. Ils règlent au plus tôt les arrière-pensées, « la friture » qui vient polluer leur sérénité. Quand ils se sentent flancher (mauvais sommeil, irritabilité, nervosité), ils s'arrêtent et se posent tout de suite la question : que se passe-t-il ? Bref, ils appliquent une sorte d'hygiène de l'humeur comme on respecte une bonne hygiène de vie.

« Si vous voulez que la vie vous sourie, apportez-lui d'abord votre bonne humeur[1] » (Spinoza)

Autrement dit, ils ont des hauts et des bas, comme tout le monde. Mais ils les repèrent tout de suite. Sans doute, dans leur enfance ont-ils eu des parents qui ont su mettre les mots sur ce qu'ils ressentaient

---

1. Spinoza, *Éthique, op. cit.*

car ils ont acquis une bonne connaissance d'eux-mêmes et de leurs émotions. Ils savent dire avec précision : je suis triste, en colère, soucieux. Leurs capacités d'identification se doublent d'un certain optimisme : ils vont trouver des solutions. Ils croient aux lendemains qui chantent. Il faut dire qu'ils ont mis en place quantité de petites stratégies pour rester optimistes. Se sachant par exemple hypersensibles, émotifs et facilement démoralisés – mais vite regonflés –, ils évitent les films sombres et les discussions plombantes.

Leur force est d'avoir une vision réaliste de la vie : elle est parfois difficile. Si on ne prend pas soin de sa bonne humeur, elle s'en va. Il suffit d'un rien pour avoir le moral à zéro, donc ils se protègent. Rien à voir avec les victimes de la « positive attitude » qui se reprochent leur déprime, pensent « avoir tout pour être heureux » sans savoir en profiter. Ils se font du mal avec cette idée utopique du bonheur. Certains trouvent qu'ils méritent « des claques » ou un « vrai gros malheur » pour leur apprendre à apprécier ce qu'ils ont. Pas si vite ! La psychologie humaine est bien plus complexe que cette vision simplificatrice du bonheur. L'inconscient nous travaille et nous ronge parfois. Il y a les raisons objectives d'être heureux et les empêchements subjectifs, cachés, enfouis qui nous bousculent à notre insu. En outre, « avoir tout » est une chose, « être bien » en est une autre. Quant à se croire seul à osciller entre les hauts et les bas... allons donc ! En trente ans, j'ai interrogé des centaines de personnes, intimement, et je n'ai rencontré que très exceptionnellement un parcours « béni », sans drame, ni accroc, ni souci. J'ai pu voir aussi que nous sommes tous « tantôt forts, tantôt faibles » pour reprendre la belle expression de ce grand auteur belge de livres pour enfants, Rascal, dans *Comme mon père me l'a appris*[1].

Évidemment, la majorité des gens font bonne figure : « Oui, oui, tout va bien. » Beaucoup sourient, assument et... avalent des antidépresseurs, pleurent sur l'oreiller, ruminent en silence les mêmes obsessions, se lèvent tous les matins du pied gauche ou se shootent au jogging, au chocolat, au whisky, au travail... jusqu'au moment où arrive une période magique, presque parfaite. Comme par miracle, tout roule, tout est fluide, ensoleillé : l'amour, les relations, le travail. « Ô temps, suspends ton vol ! et vous, heures propices, Suspendez votre cours ! Laissez-nous savourer les rapides délices... », écrivait Lamartine[2]. Bref, être heureux n'est pas si facile... mais il existe tout un nuancier, allant du tout noir au tout rose. De l'un à l'autre, nous avons le pouvoir de déplacer le curseur et de ne plus laisser notre moral nous gouverner mais de le prendre en main pour lui donner la couleur que nous voulons.

Le bonheur est un parti pris

Car le bonheur est un parti pris. Un choix, une option, une idée qui se profile à l'horizon. Certains ont eu la chance d'avoir des parents positifs, qui ne jugeaient

1. Pastel, 2009.
2. « Le lac », in *Méditations poétiques*, Le Livre de Poche n° 21024.

pas, ne critiquaient pas, n'exigeaient pas (mais fixaient des limites), qui dédramatisaient et savaient rire. Dans ces conditions favorables, la propension au bonheur est inscrite au programme de l'éducation et de l'existence : il sera naturel d'en prendre le chemin. D'autres mettent des années à découvrir ne serait-ce que l'idée du bonheur. Ils ont grandi dans le malheur, porté des responsabilités bien trop lourdes, bien trop tôt. Ils ont essayé de « déchagriner » leurs parents en étant sérieux, sages, conformes à leurs attentes. Leur bonheur à eux ? Ce n'était pas le sujet. Assurer, consoler, oui, mais être heureux ? Trop de peurs, trop de charges, trop de soucis à la maison ; ce paramètre n'entrait pas en ligne de compte.

Devenus adultes, certains restent dubitatifs quand on leur demande : « Qu'est-ce qui te rend heureux ? » Ils se grattent la tête, réfléchissent, ne savent pas trop. Ils ne se sont jamais posé la question « comme ça ». Comment trouveraient-ils ce qu'ils n'ont pas appris à chercher ?

D'autres connaissent le bonheur « de nom » et le balaient d'un revers de main. Ce n'est pas qu'ils n'y croient pas ; ils n'en veulent pas. J'ai travaillé dans un magazine joliment intitulé *Bonheur*. Un collègue a répondu en faisant la moue : « *Bonheur* ! Quel titre ! Quelle indécence ! » Le bonheur, une « indécence » ? Ah bon ! Il refusait d'être heureux alors que tant d'hommes ont souffert, souffrent, souffriront. « Si les gens savaient ce qui arrive, ils n'oseraient plus jamais être heureux », écrivait Victor Hugo dans une de ses lettres . De ce point de vue, les surinformés du malheur que nous sommes devenus ont de quoi blâmer l'allégresse de vivre. Ils jugent le bonheur « indécent » mais aussi « immoral », « égoïste », voire abrutissant. C'est oublier qu'ils éprouvent une certaine joie à « dézinguer » le bonheur. Eux sont conscients, eux se souviennent, eux savent compatir et rester loyaux à l'égard des morts et des malheureux... « La joie de vivre ? Je ne suis pas réconciliée avec cette idée », constate Judith, qui a perdu les siens dans les camps de concentration nazis. Si elle criait : « Youpi, la vie est belle », comme Roberto Benigni dans son film à succès, peut-être se sentirait-elle indigne de profiter de la vie, alors que sa famille n'a pas eu cette chance. Dans son cas, repousser le bonheur est une forme de fidélité, un signe d'appartenance mais qui lui coûte cher et qui répare... quoi ? Lorsque bonheurs et joies sont ressentis comme « honteux » pour des raisons morales, familiales, nous les étouffons, nous nous en détournons.

Il faut parfois des années de peines, de souffrances, de complexes pour prendre, enfin, le parti du bonheur. Car le bonheur est un parti pris légué par nos parents ou assumé, ensuite, grâce à des rencontres, après une maladie, une crise ou un accident qui nous a fait prendre conscience que le temps est compté. À moins qu'une psychothérapie permette de démêler les nœuds d'une histoire compliquée.

Certaines personnes ont appris à veiller sur leur bon moral, d'autres l'ont voulu. Jeanne a une mère adorable mais râleuse et pessimiste. Elle ne veut surtout pas lui ressembler sur ce plan-là. Elle se sait hypersensible, vite découragée mais aussi vite réconfortée. Elle fait tout son possible pour rester en forme : elle a si peur de sombrer ! Depuis toujours, elle s'offre des moments personnels de détente et de plaisir : « C'est un besoin ! » Et quand ça va mal, elle fait « entrer de la joie dans la maison ». Hugues aussi a choisi son camp entre un père anxieux et une mère positive, dynamique, souriante. C'est à elle qu'il a décidé de ressembler ! Quant à Philippe, 55 ans, des dettes, pas d'enfants – le drame de sa vie –, des affaires chaotiques, pas de sécurité sociale, il a décidé une fois pour toutes : « Je n'ai pas de soucis, c'est un principe. Si je commence à m'inquiéter, je ne m'en sortirai jamais. J'ai beaucoup travaillé à mon bien-être, je suis capable de pleurer de joie, j'ai été quitté, j'ai été malheureux mais je suis très rarement découragé, je m'en suis toujours remis et je m'en remettrai toujours. J'ai appris à profiter de la vie. »

Sont-ils toujours heureux ? Bien sûr que non, mais ils ont toujours le bonheur en tête. Le retrouver, le provoquer, le reconnaître dès qu'il se présente et le savourer pleinement, sans culpabilité, est devenu un objectif quotidien que d'autres, plus riches, plus beaux, plus nantis, leur envieraient. Autrement dit, il s'agit moins d'atteindre le bonheur, cet état si précaire et si rare, que ne pas le perdre de vue. Vivre dans cette optique change tout. Elle nous transforme, elle modifie nos relations et nous aide à aborder la vie différemment. Bref, pour garder le moral, ayons le plus souvent possible le bonheur dans le viseur. En cas de crise, c'est un télescope qu'il nous faut car nous sommes en pleine tempête. Rien ne nous empêche alors de faire appel à notre imagination. Que ferons-nous d'heureux après ce moment difficile ? À ce propos, je me rappelle ma mère, à l'hôpital, alors que mon père était en train de mourir. Un jour, nous l'avons entendu dire : « Quand Jean sera parti, j'emmènerai tous mes petits-enfants en voyage ! » Il n'était pas encore mort ; nous aurions pu être choqués. Mais elle avait été la meilleure des épouses. Elle venait de le soigner pendant trois longues années. Il était évident qu'elle aurait un chagrin terrible le jour de sa disparition, mais elle pensait quand même au bonheur et elle avait trouvé le projet qui la rendait heureuse. Personne ne l'a jugée indigne. Nous y avons vu, au contraire, une preuve de sa grande joie de vivre. Nous nous sommes dit qu'elle avait bien raison, et qu'elle l'avait bien mérité.

« Le pessimisme est d'humeur ; l'optimisme est de volonté[1] » (Alain)

C'est une erreur de croire que le moral, « on l'a ou pas », un peu par hasard, comme on se lève le matin du pied droit ou du pied gauche. Notre humeur n'est pas à subir comme le beau ou le mauvais temps. Sous la pluie, les uns râlent, les autres dansent. Les premiers constatent que les éléments sont contrariants, donc ils sont contrariés. Les seconds reconnaissent que la pluie tombe à verse mais ils décident de ne pas se laisser contrarier. Ils ont une démarche active. Bien sûr, ils sont sensibles aux soucis, aux événements mais ils n'en perdent pas pour autant leur bonne humeur. C'est un principe, une valeur, un

---

1. Alain, *Propos sur le bonheur*, Gallimard, collection « Folio Essais », 1985.

objectif qu'ils se sont fixé, pour toujours. Marie s'est
« pris la tête » une bonne partie de son existence. Elle
a vécu une enfance houleuse, des amours difficiles.
Le jour de ses 40 ans, elle s'est dit : « Stop ! » Fini
de se pourrir la vie, de ressasser les mêmes plaintes,
les mêmes échecs. Elle a eu envie de bonheur et de
sérénité. Elle a décidé d'aimer sa vie telle qu'elle était
avec ses manques et ses imperfections, d'accepter ses rapports problématiques avec la nourriture
comme faisant partie d'elle-même. Depuis, elle ne se
reconnaît plus. On ne la reconnaît plus. Elle organise
sa vie pour avoir le sourire le plus souvent possible.
On dirait qu'elle est montée dans l'arbre de vie, là où
les gens s'amusent, se réjouissent de sauter d'une
branche à l'autre, de jouer avec les rayons du soleil,
entre les feuilles bien vertes. Avant, elle errait en
ayant le sentiment d'être une pauvre fille fragile, qui
n'avait pas de chance, qui tirait toujours de mauvais
numéros. Désormais, elle cherche à être heureuse.
Elle se demande ce qu'elle peut faire pour elle-même.
Aujourd'hui, est-il préférable de rester dans la gri-
saille (car si elle essaie d'en sortir, sans y parvenir,
ce sera pire) ou bien doit-elle se donner « un coup
de pied aux fesses » pour remonter la pente ? ou
se distraire avec des DVD ? ou appeler sa meilleure
amie ? Elle se veut du bien et ça change tout ! Avec la
même vie, en étant la même personne, sa vision de
la réalité s'est modifiée. Elle a rejoint la cohorte des
heureux qui ont choisi le bon côté des choses. Quand
elle se rappelle la jeune femme morose qu'elle était,
elle comprend que les malheurs que nous créons par
l'esprit se guérissent aussi par l'esprit. Que tout est

dans la façon dont nous interprétons la réalité, plus que dans les faits eux-mêmes.

Nous sommes tous des optimistes

Vous vous croyez ronchon, négatif, pessimiste... Pas si sûr ! La preuve en quatre points par Tali Sharot[1], chercheur en neuropsychologie. Elle a constaté, après avoir interrogé des milliers de personnes, que nous sommes nombreux à nous plaindre de manquer de confiance en nous. Pourtant, en général :

• Nous avons tendance à surestimer nos qualités et à... sous-estimer nos défauts.
• Nous valorisons les choix que nous avons faits et nous disqualifions les options non choisies (même si nous prétendons avoir des regrets).
• Notre mémoire gomme ou estompe les mauvais souvenirs. Lorsque nous évoquons le passé, c'est pour l'enjoliver.
• Notre vision de l'avenir est assez pessimiste mais surtout pour... les autres. À notre sujet, nous sommes plutôt confiants.
• Enfin, les médias nous bombardent de mauvaises nouvelles : la crise, les guerres, les morts, et pourtant, au final, nous retenons surtout les bonnes nouvelles.

Alors, qu'est-ce qui nous freine le plus ? Ce n'est pas un penchant naturel vers la noirceur, puisque l'optimisme est en nous, mais plutôt le refus de se soucier de soi-même. Nous négligeons nos joies, nos plaisirs

---

1. Tali Sharot, *The Optimism Bias* (« Le biais de l'optimisme »), Constable & Robinson, 2012 (non traduit).

au nom de la morale (ce serait égoïste), de l'égocentrisme (ce serait nombriliste), au nom de la misère du monde (ce serait déplacé). Hélas, l'oubli de soi et de son bonheur possible nuit gravement à la santé. On constate des retours de bâton sous forme de symptômes, de mal-être, de relations pénibles avec les autres, d'insatisfaction, de mauvaise humeur. Comme si le respect de soi nous rappelait à l'ordre.

Camille, 40 ans, a toujours voulu plaire à ses parents, donner une bonne image d'elle-même. Mais quels sont ses désirs personnels, ses rêves, ses besoins ? Elle s'en voudrait de se poser la question. Elle méprise un peu les adeptes du développement personnel, des expressions comme « je me fais plaisir » ou encore les écrivains qui parlent de leurs états d'âme. Elle se néglige et elle a tort. Elle râle, elle dort mal, elle s'ennuie au travail, elle est parfois désagréable, elle ne se sent jamais bien, jamais à sa place. Elle passe son temps à surveiller ses enfants pour leur imposer ce qu'elle croit être bien. Comme elle, ils n'ont pas le temps de se poser les deux questions cruciales d'une vie réussie : « Qu'est-ce que j'aime vraiment ? Qu'est-ce qui me met en joie ? »

Karima, 55 ans, aurait du mal à y répondre. Elle suit partout son mari (relation fusionnelle), elle écoute les doléances de ses frères et sœurs au téléphone, elle rend visite à sa vieille mère dans sa maison de retraite... Elle ne se plaint pas – « ce n'est pas mon genre », dit-elle fièrement – mais il lui arrive de piquer des colères qu'elle regrette ensuite, sans faire le lien entre ses « coups de sang » et son besoin de solitude, si nécessaire à son équilibre, qu'elle n'a pas repéré.

Pour garder le moral, deux conditions : la première est de connaître ses besoins, ses désirs et ses joies propres. La seconde, d'aimer le bonheur, la joie de vivre, la bonne humeur. Or, certains se méfient du bonheur, comme d'autres de l'amour, ce sentiment « anxiogène », selon eux, qui les bouleverse, les prive de liberté, les rend « dépendants ». Être amoureux de l'amour, être amoureux de la joie de vivre, tout commence par là !

Retenons bien cette idée : des joies, des moments de bonheur se présentent à chacun de nous chaque jour. En période d'amour, de prospérité, de vacances, ces moments sont innombrables. Tout est plaisir et saveur. En période de crises, de soucis, l'espace-bonheur se réduit. En cas de drame, de deuil, il est presque infime, mais que faisons-nous de la part de joie (grande ou petite) qui se présente à nous ? Nous avons le choix ! Allons-nous fermer la porte, l'entrouvrir, ou l'ouvrir en grand pour en profiter pleinement ? Saurons-nous démultiplier le plaisir par le souvenir et le partage ? Allons-nous regarder passer cette joie avec dégoût, indifférence, d'un air soupçonneux ? Lui dire de s'en aller, la saboter ou l'accueillir à bras ouverts ? Ceux qui ont très souvent le moral ont fait leur choix. Ils vont même au-devant des bons moments. N'attendant pas pour « profiter du présent », ils traquent le bonheur. Le matin, ils se demandent par quels petits bonheurs ils vont pouvoir embellir leur journée et cette belle perspective les réjouit.

CHAPITRE II

DOPER SON MORAL

D'après Sonja Lyubomirsky[1], notre bon moral est pour moitié « génétique » (il y a des bonnes natures et des natures mélancoliques), pour 10 % environ le fruit d'événements extérieurs et pour 40 % environ une affaire personnelle. Ces 40 % dépendent des idées positives ou négatives que nous alimentons, des histoires que nous nous racontons. Bien sûr, il est des événements dans l'enfance, ou des drames à l'âge adulte, qui nous dévastent. Certaines blessures ne peuvent être pansées – et pensées – qu'en psychothérapie. Avec un spécialiste, on revient sur le passé pour en comprendre les nœuds, en dénouer les blocages. Cependant, nous avons tendance à pratiquer à l'excès la psychanalyse sauvage, à décortiquer nos traumas avec une certaine complaisance. À trop insister sur ses faiblesses et ses fragilités, on perd de vue tout ce qui fait, en contrepoint, notre force. C'est pourquoi en coaching de vie, par exemple, on se centre sur le présent, sur ce qui, en soi-même, est solide, fiable, créatif, pour trouver des solutions à ses difficultés et atteindre ses objectifs.

---

1. *Comment être heureux… et le rester*, Flammarion, 2008.

« Ce qui nous fait du mal, ce ne sont pas les choses, mais l'idée que nous nous faisons d'elles[1] » (Sénèque)

Il suffit parfois de « voir les choses autrement », de les considérer d'un autre point de vue, pour s'apaiser. (C'est cet autre regard que proposent les amis, des lectures, ou la réflexion personnelle…) Après une rupture, un deuil, un accident, une période de crise ou de chômage, ou encore une dépression, la paix revient quand on parvient à se dire que, finalement, on a eu de la chance dans ce malheur : celle d'avoir vécu une histoire d'amour magnifique, même si elle a pris fin, celle d'avoir retrouvé un emploi plus épanouissant après notre licenciement, celle de se relever d'une dépression ou d'une maladie en sachant désormais où est l'essentiel.

Que disent nos baisses de forme ?

Nos chutes de moral sont des alarmes à prendre en compte. Elles indiquent une sensibilité particulière à des situations, des remarques, des pensées. Pour certains, c'est la météo. Ils ont besoin de lumière, de beau temps. Kinésithérapeute, Hélène travaille en sous-sol ; elle dit savoir s'il fait beau ou mauvais à la tête des patients qui entrent dans son cabinet. Un rayon de soleil ? Ils sont gais. La pluie ? Ils sont renfrognés. Si c'est votre cas, allumez toutes les lumières par temps gris. Les dimanches soirs sont-ils, pour

---

1. Sénèque, *La Vie heureuse*, Mille et une nuits, collection « La petite collection », 2000.

36

vous, des moments de déprime ? Si oui, prévoyez une gratification qui dissipe cette tristesse : un jeu, un bon film, une crêpes-party avec les enfants, quelque chose pour transformer en fête ce moment tristounet.

À moins qu'il ne s'agisse de pensées qui assombrissent notre quotidien, tels ces regrets lancinants à propos de ce que nous n'avons pas fait, pas dit, pas vécu. Le passé est passé et nous ne pouvons pas revenir arrière. En revanche, nous nous pourrissons le présent à y penser sans cesse. Dès que nous nous engageons dans cette voie, notre humeur s'attriste. Prenons des mesures pour nous raisonner : « Je n'ai pas fait la carrière souhaitée, mais avais-je envie de me tuer à la tâche ? De penser au boulot, vingt-quatre heures sur vingt-quatre, comme mes collègues promus ? J'ai profité de ma femme, de mes enfants, de mes amis et j'ai aimé cela. On ne peut pas tout faire dans une vie », etc. N'hésitons pas à nous attarder sur ces pensées délétères – car elles ont besoin d'attention – et dialoguons avec elles, raisonnons-les par des arguments convaincants.

Les ennemis du moral

• La fatigue

Elle est la principale cause des baisses de forme car elle génère du découragement. Nous nous sentons trop faibles pour faire face. Nous nous disons que nous n'aurons jamais la force de… L'énergie nous manque. Les choses nous dépassent. Il faudrait prendre du repos mais nous avons tant à faire ! Nos relations avec les autres se dégradent. Nous voyons tout en noir, nous devenons irritables. Stop ! Tout peut attendre, personne n'est irremplaçable. Il faudrait bien se passer de nous si nous tombions malades. Il est temps de faire un break, de récupérer, de prendre soin de son sommeil. Ceux qui ont un moral d'acier ont en général une bonne hygiène de vie. Pour certaines femmes, c'est hormonal. Quand Dominique a ses règles, c'est une journée de perdue : rien ne va mais elle le sait. Une journée par mois, elle regarde passer son cafard avec patience, elle évite d'entrer dans des polémiques car elle deviendrait agressive, et le lendemain, c'est fini ! En période de crise, nous dormons mal, si bien que la fatigue est encore plus présente. Soyons encore plus vigilants sur le repas du soir : il devrait être frugal et sans alcool. En cas d'insomnie, consolons-nous en nous disant que la nuit porte conseil.

• Les « entre-deux »

Ce sont des périodes de changements et de confusion. Même si nous avons souhaité déménager ou quitter notre emploi, notre enthousiasme est contrebalancé par des phases de découragement, surtout si tout ne s'enchaîne pas (et c'est souvent le cas) comme nous l'aurions souhaité. De plus, la nouveauté est toujours cause de stress. Les crises aussi sont des entre-deux. Cela nous bouscule, nous désorganise et nous porte un coup au moral. Nous nous faisons du souci. Problème de travail, de santé, de niveau de vie ou rupture conjugale, les questions sont toujours les mêmes : comment la situation va-t-elle évoluer, qu'allons-nous devenir ? La réponse est « je ne sais pas, pour l'instant ». Mais faisons confiance à nos capacités d'adaptation. La situation va s'éclaircir de plus en plus. Nous allons trouver notre place dans cette nouvelle configuration, même si, aujourd'hui, nous sommes en plein brouillard, avec la peur au ventre.

• La passivité

La passivité, l'attente minent le moral. On vit suspendu à une déclaration d'amour, à un coup de fil qui n'arrivent pas. On espère une augmentation, un changement de poste ou que notre conjoint cesse de... N'attendons que de nous, c'est plus sûr ! Et agissons pour nous changer les idées. L'attente, c'est usant ! Parfois, nous sommes contraints à l'attente mais, certaines fois, nous nous mettons dans une situation de passivité. Nous retardons le moment de faire ce que nous avons à faire. Cette procrastination nuit au bien-être car les choses n'avancent pas et nous nous en voulons. Agir peut consister à choisir de s'accorder un moment de farniente. Il est encore mieux de s'y mettre. Les plus indécis ont un truc : ils tirent à pile ou face. Ils s'en remettent au hasard : pile, je ne fais rien (mais j'ai bonne conscience) ; face, je n'ai plus le choix, j'y vais !

• Les mauvais doutes

Certains doutes font avancer puisqu'ils conduisent à nous poser les bonnes questions. D'autres mènent tout droit à la déprime. Comment les distinguer ? Les premiers portent sur des points de détail, des réglages à ajuster : « Suis-je en train d'appliquer une bonne méthode pour régler cette situation ? », « Comment me comporter dans telle ou telle circonstance ? », « Que pourrions-nous changer entre ma femme et moi pour nous entendre mieux sexuellement ? » Les seconds remettent tout en question : « Je viens d'avoir une dispute avec ma femme, devrais-je la quitter ? », « On m'a fait une remarque au travail, suis-je dans le bon job ? », « J'ai fait cinq ans d'études supérieures et si j'allais élever des chèvres en Poitou-Charentes ? »

• Le tout ou rien

Le sens de la nuance nous permet de relativiser, de voir que tout va globalement bien. Évitons la logique des excès : ou c'est parfait ou c'est nul. Plus question en ce cas de verres à moitié pleins ou à moitié vides. Nous jetons le bébé avec l'eau du bain. Méfions-nous en particulier de ces « bonnes résolutions » qui nous mènent au sommet de l'enthousiasme : « Je vais perdre dix kilos, faire du jogging tous les matins et... » Badaboum, au moindre écart, nous voici au trente-sixième dessous : « Je ne suis même pas capable de tenir deux jours ! » Forcément, l'objectif était trop élevé. Vouloir maigrir ou arrêter de fumer et ne pas y arriver. S'être promis de terminer un marathon et abandonner. Et nous nous décevons, et nous nous critiquons. Il y a un remède à cela : se connaître mieux. Savoir que commencer un régime en période de stress est voué à l'échec. Décider de courir « tous les jours » quand nous avons du mal à nous discipliner ne fonctionnera pas. Un peu moins de grandes décisions, un peu plus de raison au jour le jour, voilà qui nous conviendrait peut-être mieux. Apprenons à nous connaître, à doser, à nuancer et notre moral sera meilleur.

• L'éparpillement, la précipitation

Nous commençons à devenir désorganisés? C'est
une alerte. Nous courons dans tous les sens sans
réelle efficacité. Nous nous plaignons de manquer
de temps mais nous en perdons beaucoup en oublis,
en allers et retours. Nous nous noyons dans un verre
d'eau. Toujours au travail à 21 heures, hypermarché
en nocturne, repassage devant la télé... Attention, le
burn-out est programmé. Il suffit parfois de s'arrêter
deux minutes pour distinguer l'urgent de l'essentiel.
L'urgent, ce sont toutes les tâches qui nous happent.
L'essentiel est d'aller bien, de nous reposer pour rester en forme et agréables, de nous arrêter quelques
minutes pour réfléchir. Le linge ne sera pas repassé,
les enfants mangeront des pâtes deux soirs de suite :
et alors? Quant à ceux qui ont laissé des messages,
ils rappelleront...

• Le toujours plus

Autre grande source de moral à zéro : vouloir toujours plus, toujours autre chose... Cette ambition
délirante fait le malheur des sociétés modernes. « Ils
ont tout pour être heureux », pensent ceux qui ont
faim, qui ne bénéficient d'aucun système de santé,
d'aucune pension de retraite, d'aucune assurance
chômage, d'aucun accès à l'instruction, à la culture,
ceux qui vivent sous le joug des dictatures. Nous
sommes libres et soutenus par l'État. Nous avons
tout dans l'absolu et pourtant nous sommes les rois
de « l'intranquillité » pour reprendre la belle formule
de l'écrivain portugais Pessoa. Les Français (près
d'un sur quatre, selon l'Insee) sont les plus gros

consommateurs au monde d'antidépresseurs. Que
se passe-t-il ?

Nous vivons aujourd'hui dans une société de consommation qui – de manière perverse – vend à la fois du
désir et de la frustration, pour nous faire acheter toujours plus. Vous rêvez d'un téléviseur à écran plat ? À
peine l'avez-vous acheté qu'il en sort un plus grand,
avec une meilleure définition, sans fil, etc. De même
pour les ordinateurs, la mode (si vite démodée), la
déco, les vacances (jamais assez ensoleillées, jamais
assez lointaines). Si nous entrons dans ce jeu, nous
sommes « cuits » ! Et d'autant plus malheureux que,
parallèlement, les liens de solidarité familiale, amou-
reuse, affective se distendent. Dans ce domaine aussi,
nous zappons dès que le « produit » ne nous satisfait
plus. Nous verrons un peu plus loin dans ce livre que
la résistance à un mode de vie matérialiste s'organise. De plus en plus, nous constatons que l'important réside dans le bonheur d'être soi, dans de bonnes
et durables relations avec les autres, dans des actes
de gentillesse et de générosité gratuits, bien plus que
dans la consommation, qui apporte des plaisirs brefs
et génère un sentiment de manque permanent.

Et puis, en France, nous sommes très râleurs, très
critiques. Nous traquons ce qui ne va pas. Ce pli
culturel est ruineux pour le moral d'un pays pourtant
privilégié.

• Les fins

Tout ce qui se termine nous déprime : les vacances,
les fêtes, a fortiori les ruptures amoureuses ou ami-
cales, les fins de grossesse – même si nous sommes

très heureux, bien sûr, d'avoir un bébé. Le paradoxe est que même la fin d'une période de crise peut porter un coup au moral. Nous nous sommes battus contre la maladie, nous avons lutté pour préserver notre emploi, nous avons réussi à ressouder notre couple et… nous flanchons. Ce n'est qu'une passagère baisse de pression qui nous surprend. Les « pros » de la joie de vivre sont sensibles aux mêmes phénomènes mais ils en connaissent les ressorts. Ils savent les prévenir et s'en prémunir.

Les remontants

Chacun a ses stratégies. Certains retrouvent des forces dans le recueillement. Se poser, réfléchir, faire abstraction des autres pour se recentrer tranquillement sur eux-mêmes leur convient. D'autres vont chercher du soutien auprès de personnes pleines de ressources qui les font rire, qui ont une bonne humeur contagieuse ou qui savent leur poser les bonnes questions, au bon moment. D'autres encore savent que le sport leur « vide la tête ». « Mais on n'a pas toujours une piscine sur soi », constate Prune. Alors, ils ont des plans B : un bon film, un bon livre ou encore plus de travail « pour s'avancer ». Connaître ses ressources, ses méthodes, ses forces, ses besoins, telle est la clé. Comment font les autres pour se remonter le moral ? Voici les réponses les plus souvent données.

• Qu'est-ce qui ne va pas ?
Quand ils se sentent tristes ou nerveux (autant de signes de déprime), ils s'arrêtent et se demandent

ce qui ne va pas. Il a dû se passer quelque chose tout à l'heure ou hier ? Qu'est-ce qui les a blessés, chagrinés, contrariés ? Identifier la cause permet déjà d'aller mieux. Des solutions antidéprime apparaissent : relativiser, trouver une solution, voir au-delà de ce passage délicat. Si le blues persiste, mieux vaut chercher la blessure d'enfance qui lui donne tant d'écho. Une situation ou une relation nous rappelle sans doute une blessure d'enfance sur laquelle elle vient appuyer. Quelqu'un nous a manqué de respect ? On pourrait simplement dire que cette personne manque d'éducation. Mais nous nous sentons vraiment humiliés. Pointer que nous l'avons été dans notre enfance, que le présent réveille un passé douloureux dissipe en général l'angoisse. Les prises de conscience et leur formulation apportent un apaisement rapide. Pénélope, par exemple, est ulcérée de voir une maman mendier avec un enfant dans les bras. Cette image la poursuit toute la journée. C'est triste, certes, mais pourquoi tant de révolte ? En cherchant un peu, elle se rappelle que ses parents l'utilisaient, elle aussi, pour demander des services aux voisins, aux amis. Ils cherchaient à faire pitié en l'invoquant, elle. Avoir fait ce rapprochement dissipe sa colère et lui remonte le moral pour longtemps. Elle ne fera plus l'amalgame.

Un autre exemple : Adèle attend que sa meilleure amie sorte de la salle de réveil après une opération bénigne. Tout s'est bien passé. La clinique est accueillante et le personnel sympathique. Pourtant, Adèle a les larmes aux yeux et le cœur serré. Une réaction disproportionnée au regard de l'événement.

Un retour en arrière lui rappelle son enfance, ces heures d'attente dans les hôpitaux où sa mère travaillait. Elle se sentait abandonnée et oppressée par les malades perfusés, abîmés, qu'elle voyait passer dans les couloirs. Dès qu'elle le comprend, elle va mieux car, aujourd'hui, elle est adulte, son amie n'a rien de grave et tout va bien.

• Est-ce si grave ?

Souvent la réponse est… non. La plupart du temps, il s'agit d'un souci ponctuel. Dans deux heures, deux jours ou deux semaines, ce souci n'existera plus. Une autre manière de relativiser est de penser à tout ce qui n'est pas un souci : nous sommes en bonne santé, les enfants vont bien, nous avons du travail, un toit, etc. Penser à ce que nous pourrions perdre permet d'apprécier ce que nous avons. Une manière paradoxale de noircir le tableau pour voir la vie en rose.

• Ça suffit !

Prenons un ton de maîtresse d'école, de gendarme, de parent aux sourcils froncés pour nous dire stop ! C'est très efficace quand nous avons tendance à ruminer des pensées qui nous dépriment, des reproches, des regrets, des fantasmes délétères. La seule solution est de couper l'alimentation de ce mauvais courant. Et ça marche ! Non seulement les vannes se ferment tout de suite, mais nous sommes tout étonnés – et heureux – de constater le pouvoir que nous avons sur nous-mêmes. Cette victoire est parfois si étonnante que nous oublions tout à fait quelles étaient les mauvaises pensées qui nous assaillaient. Essayez, vous verrez !

• **Faire quelque chose**
Si nous restons sans bouger avec notre moral à plat, rien ne va s'arranger. En ce cas, il faut passer à l'action. Du bricolage, du rangement, des papiers à classer ou un peu de sport vont nous faire du bien. Les pensées se dissolvent dans le mouvement ! L'efficacité est parfois relative, car on peut continuer de ruminer en rangeant, en courant ou en bricolant mais, comme dit Marie-Do avec humour : « Quand ça ne va pas, je repasse, je nettoie, je dépoussière. Après, ça ne va pas forcément mieux, mais c'est plus propre ! »

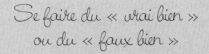

Se faire du « vrai bien »
ou du « faux bien »

Se faire du bien quand on n'a pas le moral, c'est une bonne idée à condition d'établir une petite distinction entre les vrais et les faux remontants. Les faux nous dopent en un rien de temps, mais attention aux lendemains qui déchantent : en montant sur la balance (deux tablettes de chocolat, ça chiffre !), en recevant notre relevé de comptes (être dans le rouge pour avoir acheté un jodhpur jaune citron, quelle mauvaise affaire !), en nous réveillant à côté d'un inconnu, après avoir tant bu que nous ne savons plus ce que nous avons fait la veille au soir. Ces solutions précipitées sont très efficaces car on oublie tout, y compris les soucis, mais pour combien de temps ? Avec la lucidité reviennent les prises de tête aggravées par des remèdes-poisons. Il y a aussi les séries télé – si bien ficelées. Cinq heures avec *Dexter, Sex and the city, Mad men*... Certes, on ne voit pas le temps passer mais on a le sentiment de l'avoir perdu. Les écrans sont de grands avaleurs de déprime mais aussi des créateurs de mauvaise image de soi.

Le « vrai bien », en revanche, n'offre pas de lendemains qui déchantent parce qu'on est content de la méthode choisie. Non seulement elle nous remonte le moral mais, en plus, elle est bonne pour la santé (le sport), pour l'amitié (« Coucou ça va pas... »), pour l'amour (« Au secours, chéri ! »), pour le travail (« Je bosse, je m'avance... »). En adoptant une de ces démarches, on se sent vivre plus que l'on ne s'enivre. Conclusion : pour que les remontants nous remontent, une seule solution, les choisir en connaissance de cause.

• **Change-toi les idées !**

C'est la méthode qui fonctionne le mieux avec les enfants. Ils sont en plein chagrin, on leur dit : « Oh ! regarde l'oiseau dans l'arbre... » et ils oublient pourquoi ils pleuraient. Pour eux comme pour nous, la méthode fonctionne quand le souci est mineur. Attention cependant au choix de nos distractions. Quand nous allons mal, nous avons tendance à choisir des dérivatifs qui entretiennent notre pessimisme. Nous aimons les drames, nous lisons Cioran (auteur d'un livre au titre évocateur : *De l'inconvénient d'être né*) ou, si nous aimons les philosophes, nous choisissons Schopenhauer, ce grand pessimiste (au lieu de Spinoza ou Alexandre Jollien, ces philosophes de la joie). Au cinéma, nous irons voir *Amour* de Michael Haneke, splendide et déprimant. Nous aurons tendance à lire *Les Cloches de détresse* de Sylvia Plath ou le tragique destin de Marylin. En cas de déprime, nous allons spontanément vers les « professeurs de désespoir » comme les appelle Nancy Huston dans son livre du même nom[1], alors que le bon réflexe serait plutôt de regarder *Camping* ou *Les Bronzés*, de dévorer un bon Mary Higgins Clark au happy end garanti, de visionner un match de foot, *Scènes de ménage* ou *Caméra café* à la télé, d'écouter des chansons de Trénet, de faire un puzzle, des mots fléchés, de dormir, de rêver à des vacances imaginaires ou de nous offrir des plaisirs sensuels (un bain chaud, notre dessert préféré, etc.). Bref, les distractions les plus efficaces modifient l'humeur : elles sont gaies quand on est triste. Elles sont drôles quand on est morose. Elles sont apaisantes quand on est nerveux. Ceux qui tiennent à leur moral évitent soigneusement les films, les livres et... les personnes déprimantes, surtout quand ils se sentent fragiles.

• **Souviens-toi des belles choses !**
Autre remontant efficace, notre imaginaire. Il a été prouvé (en posant des électrodes sur un crâne survolté) que des images apaisantes peuvent faire baisser le niveau de stress de manière significative. Eh bien, prenons le temps de nous installer dans un fauteuil et pensons à des vacances idylliques au bord de la mer, aux mimiques craquantes de notre enfant chéri, à notre amoureux, à un paysage de dunes, à une clairière, au visage d'une madone, à une image de paix et de sécurité. S'installer dans ces « visions »

---

1. *Professeurs de désespoir*, Actes Sud, 2004.

procure une détente immédiate. Ensuite, il faut bien retourner aux obligations mais le « fond d'écran » de notre cerveau est moins nuageux.

Les carnets de bonheur

Un jour, une amie m'a offert un joli petit carnet à spirales aux feuilles de couleur. Qu'en faire ? Il était trop mignon pour que j'y note des pensées ou la liste des courses alors j'ai eu l'idée d'en faire un « carnet de bonheurs ». J'ai commencé à coller la photo d'une soirée, une carte de restaurant, le résumé et l'affiche (prise sur Internet) d'un bon film, puis se sont ajoutés des cartes postales découpées, un portrait d'auteur, le texte d'une chanson, une citation, un poème, le ticket d'une expo, l'adresse d'une boutique « marrante » pour faire des cadeaux. Il est merveilleux de voir s'accumuler des plaisirs, des joies au fil de ces carnets car on oublie facilement les bonheurs non consignés. Les téléphones mobiles, qui permettent de garder la trace de moments heureux, les albums photos et les journaux intimes recensant les joies, peuvent remplir la même fonction : retenir nos bonheurs afin de les revivre quand nous gagnent la tristesse ou la morosité.

• S'autoriser un « coup de mou »

Quand c'est possible, le week-end par exemple, il est parfois salvateur de s'autoriser un « coup de mou ». En effet, se voir si déprimé permet de remonter la pente. Lorsqu'elle a vraiment le moral à zéro, Aurélia, 25 ans, se couche. Ou bien, elle pleure. Enfin, elle décide d'aller au « bout du blues » comme elle dit, ce qui lui redonne du tonus. Un, ce n'est pas si grave.

Deux, ce laisser-aller ne lui ressemble pas ! Elle y ajoute une petite dose de méthode Coué, du nom du pharmacien et psychologue Émile Coué, adepte de l'autosuggestion, qui inventa ce mantra à se répéter quotidiennement : « Chaque jour, et à tous points de vue, je vais de mieux en mieux. » Aurélia a collé sur son réfrigérateur une maxime anglaise de la même veine : *« Everything will be OK, in the end. If it's not OK, it's not the end. »* Traduction : «Tout ira bien à la fin, et si ça ne va pas, c'est que ce n'est pas encore la fin. »

• **S'autocomplimenter**
S'adresser des louanges n'a pas très bonne presse. On disait autrefois qu'il ne fallait pas féliciter les enfants, qui allaient « se croire », devenir narcissiques, auto-satisfaits. Pourtant, reconnaître ses propres mérites, constater qu'on a été bon dans son travail, par exemple, ou courageux dans telle situation, est une excellente manière de doper sa confiance en soi, donc son moral. De plus, l'autosatisfaction est une denrée périssable. À peine sommes-nous contents que d'autres enjeux se présentent. Pour Hugues, en tout cas, s'autocomplimenter est le meilleur moyen de se garder psychologiquement en forme dans le monde de requins où il évolue : celui des affaires ! En période de crise, c'est une nécessité. Félicitons-nous d'avoir été un employé modèle quand nous sommes remerciés, un parent de très bonne volonté quand nos enfants nous remettent en question, un conjoint attentif quand l'autre nous quitte, etc.

• Savoir « bricoler » avec son moral

Pour chasser un coup de blues, aucune méthode ne fonctionne à tous les coups mais toutes peuvent être efficaces à un moment ou un autre. C'est un peu comme avec un bébé qui pleure : on essaie le bibe-ron, un câlin, un massage de gencive, la sucette... et on finit par trouver. Notre moral a besoin des mêmes essais/erreurs pour se remonter. Quand il est faible-ment atteint, on trouve rapidement la solution. En cas de crise, il faut bricoler, essayer ceci, puis cela. Mais le mieux est encore la prévention. Les adeptes de la joie de vivre se protègent au maximum de tout ce qui pourrait les assombrir. Quand « trop, c'est trop », ils zappent le journal de 20 heures : la crise, plus le terrorisme, plus un gosse qui en tue un autre dans un lycée, plus la sortie d'un film sur le suicide assisté d'une vieille dame malade, c'est au-dessus de leurs forces. Ils savent éteindre la télé et mettre du Mozart ou une salsa. Quand ils ont un gros souci, ils s'efforcent aussi de cloisonner les pans de leur vie pour l'empêcher de déborder et d'envahir toute leur existence. Un problème au travail ? Ils évitent de le rapporter le soir à la maison : « On verra ça demain. » Une crise à la maison ? Même technique d'étanchéité. On laisse les disputes à la maison. On y repensera ce soir.

En ce moment, le père et le mari de Jeanne sont malades, et sa mère lui transmet toutes ses inquié-tudes. Son recours ? « Saint Boulot », comme elle l'appelle, car elle dépose son fardeau à l'entrée de l'entreprise. C'est avec soulagement qu'elle se laisse entraîner par la machine « comme dans l'engrenage du film *Les Temps modernes* de Chaplin. Je ne me pose plus de questions. Je ne réponds plus aux mails personnels. J'avance et je ne parle jamais de mes soucis : aucune envie qu'on me demande des nouvelles de ce qui ne va pas, "ma pauvre". Mon travail, je l'appelle "Saint Boulot" parce qu'il est une bénédiction pour me détourner des soucis quand j'en ai ».

De même, « Sainte Famille » détourne des problèmes de travail, « Saintes Copines » distraient des problèmes de cœur, « Saint Sport » vide la tête et « Sainte Solitude » a parfois des bienfaits. Sachons donc à quel « saint » nous vouer selon les moments et les crises traversées.

CHAPITRE III

VIVRE EN AMITIÉ
AVEC SOI-MÊME

Pour avoir le moral, soyons en paix avec nous-mêmes. Nous essayons de faire au mieux dans tous les domaines de notre vie. Bien sûr, nous avons commis des erreurs. Il est des opportunités que nous n'avons pas su saisir, mais nous avons fait et nous faisons au mieux. Voilà ce que nous pourrions nous dire chaque matin afin d'aborder la journée de bonne humeur. Il est même des domaines dans lesquels nous sommes franchement « bons » ! Mais commençons par faire la paix avec le passé.

Faire la paix avec son passé

• Les traumatismes

Aucune existence n'est idéale. Il y a toujours eu des manques, des accidents. Nos parents nous ont apporté de bonnes choses. Sur d'autres points, ils ont failli, comme tout le monde. Mûrir consiste à accepter qu'ils n'aient pas été parfaits mais « suffisamment bons » comme disait le pédopsychiatre anglais Winnicott et à « faire avec » cette histoire. Certaines personnes n'y parviennent pas. Elles passent un temps fou à remâ-cher les traumas, les manques, les pertes... Un mauvais moral persistant, une difficulté à être joyeux, des blocages nous empêchant d'avancer prouvent qu'il est temps de consulter un professionnel qui aidera à dénouer certains nœuds, à détricoter et à reconstruire sa personnalité sur des bases plus solides.

• Les erreurs

Acceptons aussi nos erreurs, voire nos fautes. Nous avons été impitoyables, grossiers, tordus, suscep- tibles... Nous avons menti, abandonné, harcelé peut- être. Et ceci est particulièrement vrai si nous avons été blessés par une enfance difficile. Dans le *Protagoras* de Platon, Socrate le disait : « Nul n'est méchant volon- tairement. » Nous n'avons pas porté tort sciemment, ou bien nous nous sommes laissé déborder par nos émotions. Cherchons-nous des circonstances atté- nuantes, comme nous le ferions pour un ami. Quand il était petit et qu'il commettait une bêtise, mon plus jeune fils faisait cette remarque charmante : « J'm'ai pas vu faire ! » Et il avait raison. On ne se voit pas faire du mal. Être facile à vivre pour soi-même consiste à essayer de s'améliorer, bien sûr, dès que nous nous rendons compte de nos erreurs, à nous en excuser (« Pardon, vraiment... »), mais pas à alimenter des regrets éternels pour la « faute commise ». Louis a 66 ans et il s'en veut encore d'avoir dit à sa grand-mère qu'elle « sentait mauvais ». Or, il était un enfant. La méchanceté est sortie sans qu'il le veuille. D'ailleurs, la vieille dame n'a pas bronché. Sans doute était-elle très sûre de sa propreté. Elle savait ne pas accorder d'importance à des propos de gosse. Ou bien elle n'a pas entendu ! Mais Louis s'abîme encore avec cette histoire, vieille de soixante ans. Combien de boulets traînons-nous ainsi ?

L'argument majeur est que nous ne sommes plus les enfants, les adolescents, les jeunes adultes qui ont fait du mal à leur insu. Aujourd'hui, nous avons compris, mûri, progressé. Nous sommes enfin plus conscients de nous-mêmes, de la sensibilité des autres, de notre impact sur eux. Jamais nous ne referions les mêmes bêtises... Il y a prescription. L'essentiel est que nous nous efforcions chaque jour d'être « quelqu'un de bien ». Centrons-nous sur le présent et ce que nous pouvons faire de bien, aujourd'hui, pour nous, pour les autres.

• Les regrets

Ah ! Les regrets. Ils nous pourrissent la vie. Ils nous transforment en victimes de nous-mêmes : nous n'avons pas su dire les choses au bon moment, faire ce qu'il aurait fallu. Aujourd'hui, bien sûr, nous réagirions différemment parce que nous avons vécu, mûri, appris. Trois remarques : d'abord, il n'est pas juste de juger nos actes d'hier avec notre savoir d'aujourd'hui. Si, à l'époque, nous avons loupé le coche, c'est que nous étions moins réalistes, plus jeunes, moins stratèges, plus naïfs. Deuxièmement, les regrets ne font pas avancer d'un pouce. Ils nous maintiennent dans un passé d'occasions manquées ruineux pour le moral. Troisièmement, c'est avec les éléments d'aujourd'hui que nous repérons des occasions manquées. Un exemple : nous avons laissé tomber ce « joli fiancé » comme dit la chanson. Par la suite, n'ayant pas fait un mariage heureux, nous pensons que le premier aurait été un mari formidable. Ah bon, vraiment ? Mais nous avions alors quantité de bonnes raisons de ne pas le choisir. Le « joli fiancé » aurait pu, lui aussi, nous décevoir. Alors, ne rêvons plus, et cherchons surtout à embellir le présent. Rien n'est à « refaire ». Car si nous avions fait ce que nous regrettons, rien ne dit que nous n'aurions pas aussi à le regretter...

Balayer les culpabilités inutiles

• Bonne et mauvaise culpabilité : faire le tri

Remords, regrets... il s'agit toujours de culpabilité. Or, comme il existe du bon et du mauvais cholestérol, il existe une bonne et une mauvaise culpabilité. La bonne nous rend vivables et bien intégrés dans la société. Elle nous dicte le bien et le mal et nous préserve du « n'importe quoi », dicté par notre seul plaisir. Elle nous rappelle à nos valeurs, nos responsabilités, nos devoirs quand l'envie nous prend de tout envoyer promener. Ceux qui n'éprouvent aucune culpabilité sont des psychopathes. Merci donc à cette bonne culpabilité de nous rendre honnêtes, fiables, et sociables. Grâce à elle, nous pouvons vivre en bonne intelligence avec les autres et redresser la barre dès que nous sommes tentés par le diable.

La mauvaise culpabilité repose sur une image de soi dévalorisée, un rêve compensatoire de perfection. Nous ne sommes jamais assez bien, assez intelligents. Nous aurions pu prendre de meilleures décisions, faire ou être autrement. Elle repose sur un raisonnement vicié car elle suppose que nous aurions pu être différents de... nous-mêmes. La guérison passe par l'acceptation de notre humanité, de nos imperfections, de nos faiblesses, de nos failles. Eh oui, nous sommes limités, nous ne faisons pas toujours les bons choix. Essayons de nous améliorer pour l'avenir mais sans ruminer de vieilles histoires. Ce qui est fait est fait : avançons !

La méthode anticulpabilité

La culpabilité ressemble à ces petits cailloux dans la chaussure qui n'empêchent pas de marcher mais qui gâchent la promenade. Si elle s'enkyste, elle devient « minante ». Comment s'en débarrasser ?

• L'identifier, d'abord, car elle avance souvent masquée. Demandons-nous si ce stress, ce mal-être, cette envie de râler, ce manque de joie de vivre, cette insatisfaction permanente ne seraient pas de la culpabilité venant de…

• La regarder en face : qu'est-ce que je me reproche ? Qu'ai-je fait de mal ? Ai-je lésé quelqu'un ? Manqué à un devoir, selon moi ? Si nous avons pour nous-mêmes la même bienveillance que pour les autres, nous verrons que ces « pseudo-fautes » sont surtout des erreurs, des maladresses, des convictions mal exprimées, le résultat d'un manque de temps.

• Écouter ses raisons. Par exemple : « Je devrais faire ceci ou cela mais je ne le fais pas. Pourquoi ? Parce que j'en ai assez de toutes ces corvées. J'ai besoin de tranquillité, de repos et… c'est légitime ! » Une autre manière d'évacuer un peu de culpabilité est de s'interroger sur la réciprocité. Nous n'appelons pas assez souvent nos proches, mais eux nous appellent-ils ? Non, car ils sont soumis aux mêmes priorités, ont les mêmes empêchements, les mêmes imperfections. Comme nous, ils font ce qu'ils peuvent, à moitié bien et à moitié mal.

• Traiter sans tarder

Ces culpabilités inconfortables, traitons-les comme des « bobos » afin d'éviter les complications psychologiques comme le stress, l'irritabilité, la colère, etc. Soignons-les comme on stoppe une infection car ces minuscules sentiments, sur lesquels on ne s'attarde pas, finissent par s'infecter, s'amplifier, dégénérer et poser finalement de plus graves problèmes que la petite coupure d'origine. En effet, la culpabilité complique tout : elle nous met sur la défensive, elle nous rend parano (« elle doit m'en vouloir de... »), elle nous pousse à dramatiser, à guetter dans le regard des autres les reproches que nous nous adressons. Nous devenons maladroits, bafouillant des excuses, au risque d'en faire trop ; les tentatives de rattrapage nous mettent en porte-à-faux. Acceptons tranquillement l'idée que nous ne sommes ni tout bons ni tout mauvais comme rien n'est tout noir ou tout blanc. Acceptons que nos actions – ou notre inaction – n'aient pas les conséquences souhaitées : nous avons cru bien faire et les choses n'ont pas tourné comme nous le souhaitions. Qu'y pouvons-nous ?

Certaines culpabilités se résolvent par la réflexion : « Vraiment, ce n'est pas ma priorité. J'ai mieux à faire. » D'autres se guérissent par l'action. Ne pas passer ce coup de fil nous culpabilise, eh bien, c'est simple, téléphonons pour retrouver notre légèreté d'être. Pourquoi ne le faisons-nous pas ? Explication de Patrick Estrade, psychothérapeute : « Souvent, nos sentiments de culpabilité cachent une vérité du moment, une vérité inavouable[1]. »

---

1. *Vivre mieux, mode d'emploi*, Dangles, collection « Psycho-soma », 1991.

• Trouver la vérité cachée

Si nous voulons vraiment guérir notre mauvaise conscience, cherchons notre vérité du moment, celle qui se cache derrière notre culpabilité. Une vérité que notre morale réprouve. Pourquoi Adeline ne téléphone-t-elle pas à sa mère, en ce moment, alors qu'elle appelle habituellement toutes les semaines ? La vérité est qu'elle en a assez de l'entendre se plaindre de son père. Elle n'a pas envie de prendre parti. Tant qu'Adeline se sent coupable, elle ignore « ses mauvaises pensées ». De même pour Léon qui se reproche les distances qu'il prend avec son fils. Sa vérité inavouable ? Il en a assez de cet adolescent désagréable, revendicatif et provocateur qui gâche la paix à laquelle il aspire tellement. Il ne veut pas s'avouer que c'est trop pour lui. Ni se poser cette question délicate : est-ce que j'aime encore mon fils ? Avoir le courage de la lucidité aide à effacer la culpabilité, mais permet aussi de résoudre les problèmes sous-jacents. S'il se posait franchement la question, soit Léon répondrait par : « Oui, bien sûr que j'aime mon fils, au-delà de cette crise », et il renouerait avec lui un contact plus chaleureux ; soit la réponse serait non, un non qui choquerait ce bon père, et lui donnerait l'élan nécessaire pour revenir à de meilleurs sentiments. La bonne culpabilité volerait au secours de la mauvaise : « C'est mal de ne pas aimer son fils. Je vais m'adoucir, l'apprivoiser à nouveau. Il a sans doute besoin (autant que moi) que nos relations soient bonnes. »

Soyons vrais avec nos sentiments, nos bonnes et nos mauvaises pensées (qui n'abîment personne – seuls nos actes font du mal), et nos culpabilités trouveront des solutions d'apaisement.

• Ne vous faites plus de reproches

Dans la culpabilité, l'image de soi est mauvaise. Les relations avec les autres en pâtissent. L'antidote est immuable : se recentrer sur soi, penser ses choix, ses besoins, ses priorités, retrouver l'essentiel. Ceux qui ont le moral se corrigent, s'améliorent mais sans passer par la culpabilité qui accable. Ils soulignent plutôt les raisons qu'ils ont de se féliciter, de ne pas se culpabiliser car ils ont bien travaillé, assuré, assumé. Nous sommes nombreux à manier plutôt le bâton que la carotte pour avancer. Faire l'inverse est excellent pour le moral. C'est au moins aussi efficace que les reproches, et tellement plus satisfaisant ! Un dernier conseil : évitons de nous mettre en position de nous sentir coupables. Comment ? En tenant les promesses que nous avons faites.

CHAPITRE IV

AIMER SON STYLE DE PERSONNALITÉ

L'idée de s'aimer soi-même – qui heurte si souvent – est mal comprise. Nous confondons l'amour de soi et l'égoïsme ou l'égocentrisme. Nous supposons qu'il s'agit de devenir des Narcisse passionnés par notre image et imbus de notre petite personne, centrés sur notre bien-être, répétant à l'envi « je me fais plaisir ». L'amour de soi n'a rien à voir avec ces attitudes auto-centrées. Il consiste, au contraire, à accepter hum-blement ses limites. Quand on parle de qualités ou de défauts, on est proche du jugement : c'est bien, c'est mal, c'est beau, c'est laid. Il est bien plus inté-ressant de parler de « style de personnalité » comme on parle de style littéraire : concis, naturel, élégant, enlevé, imagé, pittoresque, brillant, coulant, acadé-mique, etc. Alors, il ne s'agit plus de juger mais de définir l'originalité d'une manière d'écrire... et d'une manière d'être. Tout en constatant qu'on ne peut pas être à la fois classique et original, athlétique et fili-forme, grand et petit, avoir les yeux noirs et les yeux bleus, être introverti et extraverti, souple et déter-miné. Reconnaître ses atouts et ses limites, modes-tement, permet de bien vivre avec soi-même et avec les autres, car ils apparaissent alors, non pas comme des concurrents, mais comme des partenaires nécessaires : nous avons besoin d'eux pour nous compléter ou, plus joliment, nous « augmenter ».

Personne ne ressemble à personne. Chaque être humain est unique en son genre. Il est le fruit d'une histoire, d'une époque, de rencontres, d'un ensemble de savoirs, de savoir-être et de savoir-faire dont l'assemblage compose un spécimen qui n'a jamais existé et n'existera jamais plus. Voilà pourquoi la mort de quelqu'un est une grande tristesse. C'est un modèle unique de l'humanité qui disparaît, un être d'exception comme nous le sommes tous à notre manière singulière. Vous êtes unique et votre vie a un sens car vous avez un vécu, des manières d'être, de faire et de dire, une histoire à apporter à la communauté des hommes. Cette conviction que nous avons tous un rôle à jouer donne un moral d'acier.

« S'aimer soi-même, c'est se lancer dans une belle histoire d'amour qui durera toute la vie[1] » (Oscar Wilde)

Établissons quelques typologies. Il y a les rigoureux qui mettent de l'ordre et de la méthode, les artistes qui ajoutent de la fantaisie, apportent de la beauté et une vision du monde inédite, les sociables qui nous relient, les intellectuels qui réfléchissent à des concepts quand d'autres préfèrent le concret,

---

1. Oscar Wilde, *Œuvres*, Le Livre de Poche, « La Pochothèque », 2003.

l'action, enfin ceux qui nous rappellent le passé des hommes et d'autres qui explorent l'avenir. Ceux qui aiment faire pousser la vie que ce soit en faisant des bébés, en élevant des animaux, en arrosant leur jardin ou en taillant leur haie. Ceux qui aiment que tout soit bien propre, bien net. Les uns aiment gagner de l'argent pour le dépenser (et faire tourner la machine économique); d'autres apprécient la frugalité, l'ascèse; les sensuels, eux, se repaissent d'odeurs, de saveurs, de textures et de lumières. Les uns écrivent de la poésie, les autres manient des colonnes de chiffres avec un égal bonheur. D'autres encore s'épanouissent dans le sport. Courir, sauter, pédaler, pour le plaisir ou pour gagner, est leur plus grand bonheur. Les uns se sentent bien dans l'intimité des tête-à-tête, d'autres aiment les groupes, prendre la parole en public pour convaincre. Ils s'intéressent au bien commun, s'engagent en politique pour « changer le monde » ou prendre le pouvoir, tandis que d'autres se sentent incompétents pour gérer les affaires publiques. Ils préfèrent se contenter d'élever au mieux leurs enfants, la plus noble des ambitions à leurs yeux.
Et tant mieux ! Cette diversité fait notre richesse.

● **Trouvez votre « diamant »**

Trouvez votre diamant, votre originalité, là où vous vous sentez vous-même car vous y donnez le meilleur. Si nous sommes des solitaires, pourquoi feignons-nous d'être intéressés par des « sorties entre copains » ? Si nous sommes des contemplatifs, pourquoi vouloir absolument « faire » des choses ?

Par conformisme, pour faire plaisir, pour être « bien vus » ? Ces contre-emplois ont un effet désastreux sur le moral. Soit ils nous dépriment, soit ils nous mettent en rage. Nous nous sentons à côté de la plaque, distraits, ayant l'impression de vivre une autre vie que la nôtre et de « ramer » pour parvenir à... pas grand-chose. Mieux vaut reconnaître nos besoins – et nos limites – et les accepter tranquillement. Nous ne sommes pas des super héros. Ce qui compte, c'est de découvrir nos talents, le mode de vie dans lequel nous sommes à l'aise. Les crises, les erreurs, les échecs servent souvent d'aiguillages.

• Aime-toi et la vie t'aimera[1]

Me viennent à l'esprit quelques personnes de mon quartier. Un serveur qui nous accueille avec un gentil sourire. Il a l'art d'engager une vraie conversation, en quelques mots. On sent qu'il a envie de servir et que les clients soient bien. D'ailleurs, il le dit : « J'adore mon métier. » Il y a aussi Filobert. Il tient un kiosque à journaux à la sortie du métro. Cet hiver, il est resté fermé quinze jours et tout le monde s'est inquiété : « Mais où est donc passé Filobert ? » Il manquait. Sans lui, le quartier était moins heureux, moins intéressant, moins chaleureux. Quand il est revenu, après quinze jours de vacances, à nouveau les sourires ont éclairé les visages du petit matin, comme si le quartier reprenait ses marques. Il faut dire que Filobert est un homme formidable !

---

1. Voir Catherine Bensaïd, *Aime-toi, la vie t'aimera*, Pocket, collection « Évolution », 2006.

Pourtant, son métier est difficile. Il vit debout toute la journée dans deux mètres carrés. Il manipule quotidiennement quantité de journaux, parfois dans le vent, le froid et la pluie. Il se lève tôt, ferme tard. Cependant, il aime – non pas ce qu'il fait – mais la manière dont il le fait. Il a un mot pour chacun, qu'il accueille pas seulement comme un client mais comme une personne qui compte à ses yeux. Le matin, en montant dans sa voiture, il écoute la radio pour avoir quelque chose d'intéressant à raconter. Il rigole, il philosophe et certains anciens, comme cette vieille dame centenaire, viennent le voir non pour acheter le journal (elle ne peut plus lire) mais pour avoir un sourire si généreusement offert.

Filobert est lui-même. Il aime son style de personnalité et a trouvé comment l'exprimer. Le bonheur d'être soi consiste à apprécier sa propre façon d'être : sa réserve parce qu'elle donne de la délicatesse, de la discrétion, des capacités d'écoute ; sa faconde parce qu'on amuse la galerie. Comme il serait bénéfique pour tous d'être qui nous sommes, tranquillement, sans nous comparer, en considérant que chacun a ses atouts, ses avantages propres. Tout le plaisir d'être soi consiste à aller dans le sens de notre style de personnalité, en nous améliorant parce que nos progrès donnent le moral.

Dressez la liste de vos fiertés

De quoi pouvez-vous être fier ? Qu'avez-vous réussi ? Quel talent avez-vous développé ? Quand avez-vous démontré de la volonté, du courage ? Quand avez-vous été adorable ? Vous pouvez aussi vous réjouir de votre santé de fer, du chemin que vous avez parcouru, de votre indépendance, de vos doigts d'or, de votre sens de l'effort physique ou intellectuel, d'un talent pour la mécanique, la cuisine, la danse… Ou bien, vous avez de l'empathie, une facilité de contact avec les enfants et les jeunes, la capacité de vous émerveiller devant la nature, l'esprit de synthèse, de la patience, l'envie de rendre service, du goût pour les belles choses, le sens de la déco, de l'élégance… Vous savez aimer vos parents, vos enfants, vos amis. Vous êtes persévérant, gentil… Vous verrez la liste est longue !

S'aimer soi-même consiste à trouver et à apprécier ce que nous avons à offrir de particulier. La réponse se trouve dans ces élans qui nous portent vers un métier, une passion, une activité, une attitude altruiste. La réponse se trouve là où nous pouvons dire : « Je suis bien, je suis dans mon élément. C'est là que je donne le meilleur de moi. » Voilà ce que nous avons à chercher en nous, ce joyau, ce diamant à partager et à aimer car il fait toute notre valeur, notre caractère unique. Il nous donne une place dans la société et justifie notre existence. Quel rapport avec le moral ? C'est que nous avons bon moral quand nous savons pour quoi nous sommes faits. Alors, nous nous sentons pleinement nous-mêmes et heureux d'exister, d'avoir cette vie-là. Ceux qui sont parvenus à ce bien-être sont lumineux, rayonnants.

Vos erreurs vous recadrent

Comme je suis contente d'avoir échoué dans mon honorifique fonction de rédactrice en chef! Mon intuition me disait que ce n'était pas pour moi, mais il est difficile de renoncer à une promotion. J'ai fait du mieux que j'ai pu... mal. Je ne connaissais pas ce métier car le journalisme de terrain n'a rien à voir avec la direction d'équipe et la fabrication d'un journal. Et puis, je voulais que mes « employés » soient heureux. Je n'avais pas compris que le principal était qu'ils fassent bien leur travail (en étant heureux de travailler pour moi, éventuellement). Bref, j'étais à côté de mon poste, à côté de ma vie, de mes enthousiasmes aussi. On m'a remerciée et j'ai perdu un gros salaire. Mais quelle chance, finalement, de ne pas avoir été maintenue dans une fonction qui ne m'allait pas! Après m'être sentie « nulle », complètement déprimée, j'ai rebondi vers d'autres activités – moins bien rémunérées, certes, mais parfaitement adaptées à mes goûts et à mon tempérament. Merci au plus bel échec professionnel de ma vie de m'avoir montré où il ne fallait pas que j'aille!

Oui, aimez vos erreurs car elles vous disent où est votre voie. De même pour vos limites. Ce sont des guides, des professeurs qui vous aident à trouver votre place. L'enseignement à la française n'insiste pas assez sur les informations précieuses qu'elles fournissent. Par exemple, Harvard, la meilleure université américaine, qui a formé quantité de prix Nobel, n'apprécie pas les enseignants français. Ils ont la réputation d'être brillants mais trop cassants.

À Harvard, on ne dit jamais à un étudiant : « Non, c'est faux ! » mais : « Voilà une erreur intéressante, essayons de comprendre la confusion pour ne jamais la rééditer. » La dévalorisation est considérée comme contre-productive, trop « française ». Ne déplorez pas vos limites, elles vous informent sur vos aspirations profondes.

Fiez-vous à votre intuition

Nous sommes soumis à quantité d'avis et d'influences. Les parents, les amis, la « société » nous soufflent ce qu'il convient de dire, de faire, d'être et surtout d'avoir. Le choix des possibles est immense et nous ne savons pas toujours comment nous orienter ni ce qui est bon pour nous – et donc pour notre moral. La solution : revenir à soi-même, écouter cette petite voix intérieure qui nous dit : « Tu fais une erreur, tu te trompes, ce n'est pas pour toi ! » Combien de liaisons commencent malgré ce murmure de notre intuition : « N'y va pas » ? Mais nous nous sentons seuls, la relation est flatteuse, nos amis applaudissent. Même concert de louanges pour des choix professionnels bien vus mais qui ne nous correspondent pas forcément. Nos échecs sont souvent des indices d'erreurs d'aiguillage. Or, notre sixième sens peut nous guider au-delà des conformismes vers notre voie, notre plaisir, notre épanouissement. Par temps de crise, faut-il être plus frileux ? Rien n'est moins sûr ! Comme tous les secteurs semblent embouteillés, autant aller vers des études et des emplois dans lesquels nous pourrons donner toute notre passion, toute notre énergie.

Ne vous identifiez ni à vos succès ni à vos échecs

L'erreur est inévitable, la perfection n'existe pas – ou alors, très subjectivement. En être conscient relativise nos tâtonnements, nos erreurs et magnifie nos succès, car nous aurions pu nous tromper. Ce n'est pas la perfection – ce contresens existentiel – qu'il convient de rechercher, mais le meilleur de soi, dans le moment présent. C'est en acceptant d'être faillible que la confiance se gagne. Un comédien dont j'ai, hélas, oublié le nom racontait à ce propos qu'un soir, au théâtre, le pire lui était arrivé : il avait été génial. Le public s'était levé, les applaudissements n'en finissaient plus... Depuis, chaque soir, il tentait de retrouver cette grâce qui ne revenait plus, et cela d'autant plus qu'il la recherchait. Voilà pourquoi les maîtres zen du tir à l'arc se moquent de savoir si la flèche va atteindre le cœur de la cible. Ce qui compte, pour eux ? La maîtrise, la perfection du geste. En effet, il importe – pour protéger sa confiance en soi et donc son moral – de dissocier l'activité du résultat, et la personne de ce qu'elle fait. La flèche atteint son but ? Tant mieux. Elle le rate ? Tant pis. Travailler, ajuster, peaufiner le geste. Vingt fois sur le métier remettre son ouvrage... Voilà l'essentiel. Sinon, la confiance en soi s'écroule dès que les résultats s'effondrent. Ce fut le cas du grand champion de tennis Bjorn Borg qui, après avoir révolutionné son sport, avoir été numéro 1 mondial pendant dix ans, quitta le tennis après une seule défaite, à Wimbledon, en 1981. Vexé, il ne vint même pas à la remise de prix. Ainsi prit fin sa carrière, alors qu'il n'avait que 25 ans.

Ne nous identifions pas à nos bons ou mauvais résultats. Concentrons-nous plutôt sur notre façon de faire toujours au mieux car, si nous ne sommes pas parfaits, nous sommes perfectibles. Se sentir en progrès, voilà qui donne de l'assurance et regonfle le moral. Quand nous sommes fragilisés, démoralisés, nous faisons l'amalgame entre le résultat et la personne : « J'ai mal fait ça, donc JE suis nul. » Transposé au domaine scolaire, cet amalgame a des effets ravageurs. Aucun élève n'est « mauvais ». Il a forcément des connaissances et des compétences acquises et d'autres qui sont encore à apprendre ou à corriger. Et alors ? Présenté ainsi, est-ce si grave ?

Aimez votre corps

• Parce qu'il vous raconte

Comment avoir le moral quand on est mal dans sa peau, fatigué, complexé par un physique que l'on aime si peu ? Tout est fait aujourd'hui pour nous rendre mécontents de nous-mêmes. Personne n'échappe au diktat de la sveltesse, à laquelle on associe des qualités d'âme comme le courage, le caractère, le contrôle de soi. Même les candidats à la présidence de la République mincissent pour « se présenter devant les Français ». Le problème est que nous ne sommes jamais assez parfaits ! C'est à chaque détail de soi-même qu'on est censé consacrer du temps, de l'argent, de l'énergie. Ouvrez un magazine féminin : tout serait à passer au crible de nos efforts. Recourber les cils, galber les jambes, raffermir les fesses, faire pigeonner les seins, ombrer, éclairer et agrandir les yeux, etc. Et les femmes de se livrer à des achats ruineux ou à une gym chrono-phage pour correspondre (si peu, de toute façon) aux canons d'une inaccessible beauté. Même les plus belles se reprochent un demi-centimètre par-ci, une rondeur par-là. Les cabinets des chirurgiens esthé-tiques regorgent de femmes superbes, en guerre contre leurs « rides », leurs « bourrelets », leurs « formes ». Le pire est que les hommes s'y mettent : ils constituent 10 % de la clientèle. Un chiffre en constante augmentation.

Cessons de nous voir comme on nous regarde, en nous enfermant dans des catégories – jeunes, vieux, minces, ronds, grands, petits –, comme si un phy-sique se réduisait à quelques paramètres. Et la grâce, le charme, l'élégance, la sensualité, les formes, la douceur de la peau, la lumière du regard, avec cette petite flamme amusée qui donne envie de faire connaissance ? Même les gens très beaux sont aga-cés, parfois, qu'on ne voie en eux que leur physique exceptionnel.

Bien sûr, si un détail est vraiment gênant, comme des oreilles décollées ou une grosse bosse sur le nez, pourquoi ne pas faire rectifier ce « défaut » qui nous obsède ? Mais en veillant à pouvoir nous reconnaître. Certaines personnes se font retoucher le visage. Objectivement, elles deviennent plus belles mais subjectivement, l'effet est catastrophique parce qu'elles ne se reconnaissent plus. On a gommé la « marque de fabrique » qui caractérisait leur identité physique. Car nos « défauts » racontent notre appar-tenance à une lignée. Nous avons le nez d'un oncle, la corpulence d'une grand-mère, une forme de visage propre à toutes les femmes de la famille. Et souvent, nous y tenons! Aimons nos singularités physiques; c'est ainsi que l'on est « bien dans sa peau ». Voyons-nous comme nous regardent ceux qui nous aiment. Ils se moquent bien de quelques centimètres « manquants », d'un nez busqué, de quelques kilos de trop. Ils aiment un ensemble : « Je t'aime parce que tu es toi. » Nancy Huston raconte, dans *Professeurs de désespoir*[1], un joli dialogue entre Liv Ullman et Bibi Anderson, les deux égéries du cinéaste Ingmar Bergman. Elles ont alors 60 ans et Liv s'émeut de regarder les mains de son amie, qui « ont tenu [s]a fille quand elle était petite, qui ont caressé, qui ont été prises et quittées ». Bibi les regarde à son tour, les larmes aux yeux, et constate : « Mes mains noueuses. » Liv, pleine de tendresse, répond : «Tes mains, c'est toute une vie. »

Savoir regarder les corps comme les âmes. Voir en eux la vie. S'émerveiller de leur diversité. Chacun raconte une histoire, une filiation, des soucis, l'usure du temps, un contrôle obsédant du poids ou des muscles...

Le corps est aussi à vivre de l'intérieur, pour apprécier toutes les joies qu'il permet. Se sentir marcher, nager, courir. Laisser le soleil nous caresser la joue. Prendre le temps de sentir l'odeur d'herbe mouillée après la pluie... Aimer le laver, le parer et l'offrir aux regards tel qu'il est, imparfait mais beau car il y a toujours de la beauté en nous.

---

1. *Op. cit.*

Si je me regarde...

Si je me regarde à travers les yeux de Karl Lagerfeld ou de Mademoiselle Chanel, affirmant qu'une femme « n'est jamais assez mince », je suis ignoble physiquement parce que trop grosse : au moins deux ou trois tailles de trop ! Et trop vieille, aussi. Si je m'écoute profondément, en me débarrassant de toutes les images, j'ai de la tendresse pour mon corps plein de santé, qui m'a procuré tant de plaisirs sensuels. Je trouve qu'il me correspond bien. Il est robuste, fait pour porter et allaiter des enfants et... accueillir un homme. Je suis ronde mais je me dis – quand j'ai le moral – qu'on peut croquer mes joues rebondies et douces comme celles d'un bébé. Je suis souple : je peux faire le grand écart et la danse du ventre parce que le mien est joli. Et puis, ça me reprend : « Cette cellulite, ces bourrelets, c'est dégueulasse ! » Je me mets au régime et je me plais. Je suis beaucoup mieux dans ma peau mais... je ne me reconnais plus. Il est bizarre, ce corps avec des salières, des seins moins généreux, des poignets et des chevilles fines. Est-ce bien le mien ? Et je reprends tout ! Je fais le yoyo sans arrêt et je m'en veux, je m'accuse de manquer de constance, de volonté. Pourtant, si je me traite avec tendresse, je vois que ces kilos repris et perdus racontent mes chagrins, mes doutes, mes influences, mes découragements et mes reprises en main. Oui, si je m'écoute profondément, je trouve que mon corps me ressemble. Si je le regarde dans les yeux de certains, je le hais !

• « Tous les corps ont leur beauté propre, cette force et cette configuration qui n'appartiennent qu'à eux[1] » (Clarissa Pinkola Estés)

Appréciez les particularités de votre corps – sa merveilleuse légèreté, sa puissance, sa petite ou sa grande taille. Voyez les avantages que cette singularité vous procure. Appréciez aussi son « âme ». Voyez comme, hors de tout critère esthétique, certains corps paraissent animés d'un je-ne-sais-quoi de rigoureux, de fantaisiste, d'enfantin, de maladroit, de fatigué... et de très séduisant, parce qu'ils ont une personnalité qui n'appartient qu'à eux. Ils disent notre état d'esprit, avec des jours où nous les habitons fièrement, et des jours où nous courbons le dos pour encaisser les chocs. Quand nous nous aimons, notre corps se tient droit, il s'adoucit de gestes ronds, enveloppants. Quand nous avons peur, il se rétracte, devient comme buté, figé dans des postures fermées : yeux baissés ou bras croisés.

Parfois, il prend le temps de vivre, de s'offrir au soleil. Il prend plaisir à la vigueur d'une marche, d'une baignade, ou bien il file à toute vitesse, se cognant dans les portes comme un oiseau contre une vitre, car il n'a le temps de rien.

Il n'est pas question de rejeter la beauté. On peut s'en émerveiller comme d'une autre exception de la nature et apprécier, en chacun, des jambes admirables, une peau de nacre, une finesse de Tanagra,

---

1. Clarissa Pinkola Estés, *Femmes qui courent avec les loups. Histoires et mythes de l'archétype de la femme sauvage*, Le Livre de Poche n° 14785.

un teint ambré... mais s'en tenir à ce seul critère nous prive de tous les autres. Il y a tant à apprécier : le mouvement, les contrastes, la lumière, les paradoxes. Tout ce qui fait que quelqu'un est lui-même et personne d'autre.

Luttons contre les « Procuste », du nom de cet aubergiste de la mythologie grecque qui allongeait ses hôtes sur son lit pour les mettre à ses normes. Lorsqu'ils étaient trop petits, il étirait leurs membres. Lorsqu'ils étaient trop grands, il les amputait. Il fallait lui ressembler ou mourir. Et si les grands couturiers, les magazines féminins, les marchands de régimes étaient nos Procuste actuels ? Heureusement, nous avons le choix de céder à leurs normes ou d'inventer nos propres critères. Mincir pour se sentir mieux, plus à l'aise, plus mobiles, oui. Mincir pour correspondre à l'idée que les autres se font de la beauté, non. Trouver la motivation à l'extérieur de soi ne fonctionne pas durablement. Notre corps naturel et notre libre arbitre se rebiffent. Voilà pourquoi tant de régimes échouent. Voilà pourquoi aucune méthode n'est meilleure qu'une autre. En fait, tous les régimes donnent de bons résultats, ou aucun.

Le bien-être corporel est donc l'une des clés d'un bon moral, que ce soit un bien-être physique ou un bien-être physiologique. La fatigue entraîne en effet une baisse d'énergie et de performances ; nous ne nous sentons plus capables de mener à bien toutes nos tâches. D'où l'intérêt de prendre soin de notre sommeil et de notre alimentation, de choisir des moments pour nous détendre. D'où l'intérêt aussi de mettre notre corps en valeur en choisissant des tenues seyantes et qui correspondent à notre personnalité. Les relookeurs sérieux tiennent compte du style que nous avons déjà. Valoriser nos atouts, bien sûr, et assumer nos défauts en leur donnant une « touche » particulière ?

Et puis, il y a le sport. Tout le monde court, alors on se met à courir... sans tenir nos bonnes résolutions puisque, en fait, elles ne nous appartiennent pas. Trouvons l'activité physique qui nous satisfait. Est-ce de marcher en faisant du lèche-vitrine, de faire du roller en promenant la poussette, de jardiner, de faire le ménage à fond régulièrement, de jouer au foot avec les enfants, à la Wii dans notre salon ? Nous défaire des jugements, revenir en nous-mêmes, trouver toutes les raisons que nous avons de nous apprécier – la principale étant que nous sommes uniques –, il n'y a que cela pour garder le moral durablement.

Durablement ? Enfin, à quelques exceptions près ! Ayons de l'indulgence pour ces moments où rien ne va. On essaie une robe : ça ne va pas ! Un pantalon : pas plus ! Un maillot de bain : n'en parlons pas ! Alors, nos bonnes résolutions partent en fumée. C'est le retour du « faux bien » : fièvre acheteuse, cigarettes, chocolat et compagnie. Nadine, une amie, m'a dit un jour cette phrase apaisante, alors que j'étais démoralisée de ne plus tenir les rênes de ma vie : « Il y a des périodes, comme ça. » Elle avait raison, ce sont des « périodes » qui ne durent pas.

CHAPITRE V

COMPRENDRE SES ÉMOTIONS

Tous les êtres humains éprouvent des émotions. Elles font partie de notre condition. Pouvons-nous devenir totalement zen ? Non, puisque nous sommes vivants, puisque nous sommes sensibles. Et tant mieux ! Ne pas éprouver d'émotions est une pathologie. Grâce aux émotions qui nous traversent en permanence, nous nous sentons vivants. De ce fait, il s'agit moins de se blinder contre elles que d'apprendre à les repérer, les nommer, les accueillir, les utiliser, les contenir, les transformer, les sublimer... Parfois, il importe de les écouter ; à d'autres moments, mieux vaut ne pas les prendre trop au sérieux. Elles ne font que passer, elles grossissent le trait en exagérant le danger ou les motifs d'énervement, par exemple. Une bonne gestion des émotions suppose de les laisser s'exprimer puis de réfléchir pour en prendre l'exacte mesure : les relativiser ou estimer qu'elles sont justes et qu'elles méritent de « sortir ».

Les quatre émotions de base sont la colère, la peur, la tristesse et la joie. Elles sont toutes à la fois positives et négatives. Positives parce qu'elles nous tiennent en alerte, nous montrent qu'un contexte nous menace, par exemple, et nous invitent à nous protéger. Négatives quand elles nous débordent. Quand elles nous font craindre un danger qui n'existe pas. Quand elles nous mettent hors de nous pour des riens. Quand elles nous rendent euphoriques au point de nous croire les maîtres du monde. Quand nous sombrons dans une profonde tristesse sans raison valable. Les émotions sont nos alliées quand elles sont adaptées à la réalité. C'est pourquoi elles forment un excellent tandem avec la réflexion. Laissons-les vivre en nous quelques instants, puis réfléchissons : sont-elles justifiées ? Sont-elles de proportion raisonnable ? Est-ce bien le moment de les extérioriser ?

Nous avons le moral quand nous nous sentons maîtres de nos émotions. En période de crise, nos émotions s'affolent. Nous sommes paniqués, fous de rage, en pleine dépression et... beaucoup moins joyeux. Or la joie est l'émotion compensatrice de toutes les autres, celle qui nous tempère, celle qui nous console, celle qui nous permet de prendre du recul.

Un autre risque consiste à nous identifier à cette colère, ce chagrin, ou à croire que nous n'en sortirons jamais. Pour remonter la pente, sachons que les émotions ne durent pas, qu'elles se calment, qu'elles ne sont pas forcément réalistes, qu'elles entraînent parfois de mauvaises pensées mais qu'une pensée n'a jamais fait de mal à personne : seuls les actes sont répréhensibles. Et qu'elles font de nous des êtres humains puissants et fragiles, forts et faibles, bourrés d'énergie ou abattus. Bien les connaître, les regarder avec bienveillance, les apaiser si nécessaire nous rend plus sûrs de nous, et donc plus heureux. Il est important aussi de les nommer car une émotion peut en cacher une autre : le désespoir se change en rage, la colère se masque en dépression, la peur s'exprime par des blagues, de l'ironie. Décodons nos émotions et notre vie : notre moral sera meilleur.

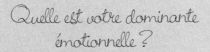

Quelle est votre dominante émotionnelle ?

Nous sommes traversés quotidiennement par une quantité inouïe de petites émotions dont nous n'avons pas conscience. Les psychologues comportementalistes font remplir à leurs patients un carnet de bord de leurs émotions. Si vous faites l'exercice, vous verrez qu'il vous renseignera sur votre fonctionnement et vous révélera votre dominante émotionnelle. Prenez une page blanche et tracez une ligne verticale. Dans la colonne de gauche, inscrivez ce que vous faites. Dans la colonne de droite, l'émotion qui correspond à ce moment.

Exemples :

Le réveil sonne – Colère d'être dérangé en plein sommeil

Lever – Joie en constatant qu'il fait beau

Douche – Joie, c'est bon !

Pesée matinale – Peur : hier j'ai abusé des gâteaux ! / 200 g de moins – Joie

Petit-déjeuner – Joie

Petit-déjeuner deux minutes plus tard – Colère : ma fille monopolise la salle de bains. Peur : je vais être en retard au travail, etc.

Ce carnet de bord est très instructif. Premier constat : la joie y est très présente, alors que nous nous pensions plutôt de mauvaise humeur, le matin. Ces pages peuvent aussi dévoiler beaucoup de peurs minuscules, qui révèlent alors un tempérament plutôt anxieux. Le carnet aide à pointer toutes ces minuscules causes de stress qui pourrissent la vie et permet de prendre des mesures : peur d'être en retard ? Prévoyons une marge de temps suffisante. Il serait aussi intéressant de fixer des règles sur les horaires de salle de bains. À moins que ce ne soit la colère qui nous domine. Que d'agacements ! On peut décider une fois pour toutes de ne pas s'énerver pour des chaussettes qui traînent. Deux solutions : verbaliser clairement sa demande de rangement (au lieu de râler tout le temps) ou prendre en charge les chaussettes en demandant une contrepartie, comme le lavage des bols. Enfin, il sera intéressant d'analyser quelles sont les situations et les personnes qui nous font chuter le moral, et au bout de combien de temps. Et pourquoi si peu de joie, si tout va bien ? Nous manquons peut-être de vitamines B9, B12, de sucre, de chocolat ou d'oméga 3. À moins que nous ne fassions pas assez d'exercice physique, ce libérateur d'endorphines. Il est temps de consulter notre généraliste...

La colère

• La colère naît du sentiment d'avoir été blessé

Agressivité, agacement, indignation, irritabilité, exaspération, impatience : la colère prend bien des visages. Physiquement, elle provoque une décharge d'adrénaline, comme si nous rassemblions nos forces pour nous préparer au combat. Elle est une force puissante qui nous donne un coup de fouet, un sursaut d'énergie.

Martine souffre d'un cancer. Elle est épuisée, mais quand sa belle-mère insiste pour savoir si elle sera de la fête, à Noël, elle se sent revivre car... elle bout de fureur. Et c'est bon ! Certaines personnes se servent de la colère comme d'un carburant. Caroline, de son propre aveu, « ne fonctionne qu'à ça ». Il faut toujours qu'elle trouve un ennemi à combattre, quitte à s'en créer. Elle s'imagine qu'on ne pense qu'à la berner, que la vie est une jungle. Elle se convainc qu'elle vit « dans un monde de brutes » et n'a aucune envie qu'on lui apporte des contre-exemples. Alors, elle devient casse-pieds, harcelante. Bref, cette jeune femme n'est reposante ni pour elle, ni pour les autres, mais elle avance. Son mode de fonctionnement s'est installé dans l'enfance, comme toujours. Sa mère ne la voyait pas. À ses yeux, sa fille était une « nobod » (du terme anglais *nobody*, personne), une gamine sans importance. Aujourd'hui, Caroline s'efforce de devenir quelqu'un. Elle cherche à être visible, connue, remarquée. Elle y parvient, mais à quel prix ! Son système est très coûteux en énergie psychique. Elle se fâche régulièrement avec l'un ou l'autre. Elle oscille, selon ses dires, « entre le sentiment d'être une "merde" et celui d'être un génie ».

Sa colère – comme souvent – cache une grande tristesse : celle de n'avoir été ni reconnue ni aimée par sa mère, qui ne savait pas apprécier cette petite fille ni se réjouir de sa présence. Elle cache aussi une peur : celle de laisser indifférent, aujourd'hui comme hier. Pour tenir bon, elle s'épuise physiquement et psychologiquement, avale des anxiolytiques, mange trop, boit trop, mais au moins évite-t-elle de sombrer dans un chagrin profond... Nous sommes habitués à notre émotion dominante. Que deviendrions-nous sans elle ? Que deviendrait Caroline sans cette colère qui, à sa façon douloureuse, la maintient en forme ? Elle a le moral mais un moral angoissé, douloureux, problématique. Comment pourrait-elle s'apaiser ? Sans doute en reconnaissant la tristesse à laquelle la colère lui permet d'échapper, un travail qui ne peut se réaliser, à ce stade, qu'avec un thérapeute.

La colère est un dopant, mais un dopant qui nuit au moral pour plusieurs raisons. Nous ne nous contrôlons plus, donc nous perdons du pouvoir sur nous-mêmes ; nous faisons du mal aux autres puis nous le regrettons (les mots dépassent notre pensée, nous allons trop loin) ; enfin, nos accès de rage nous donnent une image assez détestable de nous-mêmes. La parade consiste à retourner la colère contre soi-même, mais ce n'est pas mieux ! Ce bouillonnement intérieur nous angoisse, nous fait l'effet d'un poison. Face à un homme excessivement posé et courtois, un médecin perspicace s'amuse de tous les efforts qu'il fournit pour avoir l'air aussi calme. Comment le praticien l'a-t-il deviné ? Par les symptômes que le patient décrit : un sommeil exécrable, des cauchemars, un manque de souplesse psychique et quantité d'habitudes destinées à borner son horizon. Il se sent enfermé, peu vivant et « médiocre » (un mot qu'il emploie souvent). Observons cette colère : de quoi se nourrit-elle ? Contre qui ? Quelle est la blessure ? Nous sommes-nous sentis blessés de la même façon quand nous étions enfants ?

Les plis émotionnels de l'enfance

Nous avons pris dans l'enfance des « plis émotionnels ». Quand les parents de Benoît voyaient arriver un courrier, ils pensaient à une facture ou à un décès, ils s'inquiétaient et le montraient. Par habitude familiale, Benoît, à 60 ans, imagine toujours le pire – un pire qui, d'ailleurs, n'arrive jamais (en tout cas pas par courrier). Et il se reproche, sans pouvoir changer, de s'énerver « pour si peu ». Dans d'autres familles, les parents sont soupe au lait. On s'indigne, on s'énerve, on parle haut. On pense que les autres ne sont jamais assez bien, jamais assez parfaits et tout est prétexte à se mettre en rogne contre les uns ou les autres. Les enfants de ces parents électriques peuvent, eux aussi, trouver leurs « saintes colères » tout à fait légitimes. Comme si nous pouvions vivre dans un monde parfait, sans ennuis, ni contrariétés, ni gênes d'aucune sorte !

Pour nous déconditionner, prenons conscience du mécanisme de ces émotions puis, dès que nous les sentons poindre, mettons en place un pare-feu : « Attends de voir ! Calme-toi ! » Voici des pensées qui aident à ne pas laisser monter l'émotion inutile.

Pratiquons aussi la bienveillance émotionnelle. Parfois la colère jaillit – ou la peur ou la déprime. Et alors ? Si nous regardons gentiment cette émotion, elle se dégonflera d'elle-même, car nous l'aurons respectée.

Certes, il est quantité d'injustices, de contrariétés, de comportements désagréables ou incivils susceptibles d'entraîner des mouvements d'irritation mais... en valent-ils la peine ? Est-il bien nécessaire de dépenser toute cette énergie ? Nous avons le choix de nous abandonner à une émotion spontanée ou de laisser tomber. Mettons-nous en position de choisir nos colères. Ne laissons pas les émotions nous diriger. Il est des moments où la colère est juste : quand nous avons été trahis, gravement offensés, quand les uns ou les autres font n'importe quoi et méritent d'être recadrés. Le jour où Victoire a appris que sa fille de 15 ans était montée dans une voiture avec des jeunes gens qu'elle ne connaissait pas, elle a piqué une colère à faire trembler les murs, et elle avait raison. Parfois, pour souligner l'énormité de la faute commise, il convient de monter sur ses grands chevaux. Estimant le licenciement d'une collègue tout à fait abusif, Charlotte, qui est déléguée syndicale, joue sur la colère qu'elle ressent pour mobiliser ses compagnons de travail, et les pousser à « la lutte ». Mais choisissons nos causes, pesons le pour et contre.

Pendant deux ans, j'ai subi la musique d'un voisin compositeur qui trouvait l'inspiration vers deux heures du matin, quand tout le monde s'efforçait de dormir. J'ai essayé la gentillesse, l'amitié, l'appel à son sens civique, lui rappelant qu'il n'était pas seul au monde, qu'autour de lui des « travailleurs » préféraient Morphée à Mozart, qu'il bousillait leur nuit et ruinait leur santé. Rien n'y a fait ! Une nuit, excédée, j'ai appelé la police pour tapage nocturne. Elle lui a fait une peur bleue mais... il a été furieux, indigné que je puisse en arriver là. Personne n'avait jamais osé le « dénoncer aux flics ». Il était scandalisé : « Mais pour qui se prend-elle ? Pour la reine de l'immeuble ? » Tous les voisins, qui se plaignaient aussi, se sont tus devant lui. Du coup, ma colère a triplé de volume (si l'on peut dire) : contre le pianiste fou, contre la police qui n'avait pas à donner mon nom, contre les « lâches » de mon immeuble. S'est ajoutée à cette contrariété la peur de croiser le gêneur dans l'ascenseur. Mais, après réflexion, j'ai abandonné la partie. Tous ces conflits me minaient. La blessure tenait à mon impuissance totale. Pour mon bien-être, j'ai décidé de calmer le jeu. Désormais, je dors avec des boules Quiès, additionnées d'un somnifère quand il passe de Mozart à Tchaikovsky ! Que faire d'autre ? J'ai compris que rien ne pouvait arrêter cet homme : il est sa musique. L'empêcher de jouer revient à l'empêcher de vivre.

• « Oubliez tout cela, sinon vous aurez mille passés et pas de futur[1] »

« Ayons des colères réfléchies » pourrait être la morale de cette histoire. Ayons aussi des colères qui nous appartiennent. Par solidarité familiale, il peut nous arriver de rejeter telle chose ou telle opinion. De même pour les personnes « mal vues » dans un village, alors qu'elles n'ont causé aucun tort. Et si le courage consistait à prôner plutôt un idéal pacifique ? Aurions-nous construit l'Europe si nous avions continué à considérer les Allemands comme nos ennemis héréditaires ? Les jeunes générations doivent-elles payer pour l'inconscience et l'aveuglement des précédentes ? Non ! Il arrive un moment où, à l'échelle personnelle ou collective, la colère doit s'adoucir malgré l'outrage subi, afin de revenir à un état de

1. Réplique du film *Dans ses yeux* de Juan José Campanella (2010).

calme et d'harmonie, seul garant d'un moral durablement solide. En effet, la colère nous mine et nous
coupe des autres. Elle nous rend cyniques, désabu-
sés, désespérés, méfiants, hostiles. Elle crée bien
plus de mal que de bien.

La peur

• La peur provient d'un manque
de confiance en soi

La peur, elle, est un avertisseur de danger. Beaucoup
d'enfants ingurgitent d'indigestes connaissances par
crainte de redoubler, de décevoir leurs parents et
leurs professeurs, d'être punis ou montrés du doigt
comme les « nuls » de la classe ou de la famille. Et
la peur de perdre notre emploi n'est sans doute pas
étrangère à la quantité de travail que nous fournissons !

Certaines peurs sont communes à tous les êtres
humains : la peur de l'inconnu, la peur de la maladie, de la mort, de la perte, de l'humiliation... On peut
avoir peur pour soi ou pour les autres. Il arrive aussi
de redouter certaines personnes, certains animaux,
certaines situations, certaines catastrophes : un trem-
blement de terre, un accident nucléaire, la guerre ou
la fin du monde. On peut même avoir peur d'avoir
peur, en montant sur le grand huit à la foire.

La peur a du bon : elle nous protège en nous tenant
éloignés du danger. Elle nous empêche de traverser
en pleine circulation, de skier hors piste quand la
neige est dangereuse ou de faire des excès de tabac
et d'alcool : aucune envie de mourir prématurément

ou de terminer la soirée complètement ivre... Mais elle ne doit pas nous priver d'aller à la rencontre des autres, ni de nous insérer dans la société. Le manque de confiance en soi augmente nos peurs (« Je n'y arriverai jamais... »). Pour surmonter ces craintes, nommons-les et regardons-les en face : « J'ai peur de ne pas réussir ceci. » Alors peut s'amorcer un dialogue avec soi-même, un dialogue d'apaisement : « Tu as peur à chaque fois. Et tu y arrives toujours ! Tu en as vu d'autres... »

L'anxiété est une forme de peur particulière puisqu'elle fait des plans sur la comète en peignant l'avenir en noir. Nous sommes inégaux devant l'anxiété. Certaines personnes sont trop insouciantes ; d'autres se rongent les sangs. L'éducation n'est pas étrangère à cette insouciance ou à ces peurs.

Certaines familles croient aux lendemains qui chantent. L'avenir leur paraît plein de promesses. Dans d'autres, tout est prétexte à imaginer le pire. Il n'est pas facile de se déconditionner de l'anxiété. Un entourage optimiste sera d'un grand soutien. Répondre aux idées négatives par des pensées positives peut calmer les anxiétés mineures. Si vous redoutez l'échec, rappelez-vous vos succès. Si un ratage ancien vous obnubile, dites-vous que les conditions ne sont plus les mêmes. Enfin, soyez « étapiste ». Décomposez la situation ou la tâche qui vous effraie en petites étapes à franchir, sans penser à l'ensemble (dont vous vous faites une montagne). Essayez aussi de rester dans le concret, dans le présent, sans voir au-delà d'une tâche précise. Cela va vous permettre d'avancer pas à pas jusqu'au bout. C'est la vision globale des problèmes qui affole les anxieux et leur ruine par avance le moral, car ils se découragent. En cas de crise, cette technique est encore plus nécessaire : un problème après l'autre et pas de projections dans l'avenir. « À chaque jour suffit sa peine » : aujourd'hui, je m'occupe de régler ceci ou cela, pour le reste on verra demain.

• Renoncer aux peurs... des autres

Plus que les autres émotions, la peur est contagieuse, si bien que nous nous laissons gagner par les peurs... de notre entourage. Demandons-nous d'où viennent nos craintes. À qui appartiennent-elles ? Dans quelles croyances, dans quelles angoisses avons-nous été élevés ? Que pensaient nos parents, en toute bonne foi ? Qu'il faut « se méfier des gens » (et donc avoir peur des autres), « vivre caché » (les voisins sont envieux), renoncer à sa passion « car on ne sait pas de quoi demain sera fait » (ce qui n'encourage pas à prendre des risques) ? Interrogeons ces peurs léguées. Nous paraissent-elles légitimes, aujourd'hui, dans notre cas ? Et prenons-les moins comme des vérités que comme des points de vue issus de l'expérience d'une génération précise : celle de nos parents. La psychanalyste Françoise Dolto prenait toujours soin de préciser, lorsqu'elle apportait un avis : « Du point de vue de mon expérience et de ma génération, voilà ce que j'en pense... »

Il y a aussi les peurs que nous transmet notre entourage actuel. C'est un conjoint qui imagine toujours le pire, une sœur qui prend plaisir à raconter des faits divers déprimants, un copain qui remue les crises mondiales, financières, écologiques, un frère parano qui traite d'« inconscients » ou de « naïfs » tous ceux qui n'adhèrent pas à ses angoisses. Écoutez votre corps : que ressentez-vous après ces discussions, ces coups de fil avec eux ? Vous êtes vidés, vous avez un poids qui pèse sur le plexus ? La prochaine fois, proposez gentiment de changer de sujet.

Consolez votre enfant intérieur

Dans *Guérir son enfant intérieur*[1], le psychothérapeute Moussa Nabati affirme que l'adulte que nous sommes possède toutes les qualités de raisonnement nécessaires pour s'apaiser, trouver des solutions et prendre du recul. En revanche, l'enfant blessé qui est en nous se laisse submerger par les émotions. Il ne sait pas les contrôler. Il se sent impuissant, dépassé. Pour nous calmer, mettons en place un dialogue intérieur entre notre moi d'adulte et notre moi d'enfant. Imaginons cet enfant qui souffre d'un déluge émotionnel ; prenons le temps de visualiser ce petit être qui nous ressemble et que nous berçons en reconnaissant son mal-être : « Comme tu es triste ! Comme tu as peur ! Comme tu es fâchée ! » Puis l'adulte, en nous, relativise : « Tu avais peur de ça quand tu étais petit(e), mais maintenant, je peux te protéger. Toi, tu ne risques rien ! » Pour figurer ce dialogue, on peut écrire de la main gauche (si on est droitier) tout ce que ressent l'enfant en commençant par : « J'ai besoin de... ». Et de la main droite, faire répondre ainsi notre partie adulte : « D'accord, je vais faire ça pour toi... »

---

1. Le Livre de Poche n° 31506.

• Avancer malgré ses peurs

L'essentiel est d'avancer, de ne pas se laisser « intimider » par ses peurs. Car plus nous les ruminons, plus elles nous bloquent. Lorsqu'on comprend que tout le monde a peur de la vie, de la mort, des autres et de ne pas être à la hauteur, c'est un soulagement. Nous ne sommes pas les seuls à éprouver cette « trouille » au ventre, même si chacun a ses angoisses de prédilection. Le meilleur moyen de les dissiper est d'y faire face, de se dire : « J'ai peur mais j'y vais. » Le simple fait d'oser se lancer donne de l'assurance, et de plus en plus en plus à mesure que l'on ose. Une fois « dans le bain », tout va bien. L'objet de nos peurs est souvent moins effrayant que l'idée que nous nous en faisons. Bien des personnes restent en retrait de la vie et elles s'en veulent. Elles n'ont pas le moral. Or l'angoisse se dissout dans l'action. Voyez les comédiens qui ont le trac. Dès qu'ils entrent en scène, leur peur s'évanouit !

Les deux antidotes à la peur sont donc le courage et l'amour. Amour, compassion et admiration pour soi-même, d'abord. Nous avons peur et nous y allons quand même : bravo ! Amour pour l'autre qui nous pousse à surmonter nos craintes, nos timidités. Amour du travail bien fait qui nous aidera à le présenter en public, ce qui nous terrifie.

Si nos peurs demeurent malgré le courage et l'amour, peut-être faut-il y voir un signe que nous sommes sur la mauvaise voie. Je voulais devenir journaliste mais j'étais extrêmement timide. Il m'arrivait de rester dix minutes à la porte d'une sommité avant d'oser sonner. Par amour pour mon métier, mais aussi pour les parents et les enfants que je pensais aider grâce aux articles, aux reportages que j'écrivais, j'arrivais à surmonter cette peur. Si je n'y étais pas parvenue, cela aurait été un signe que je faisais fausse route. Il m'aurait fallu changer de métier, d'objectifs. Nos peurs nous renseignent sur nous-mêmes. Remercions-les d'être nos guides. Acceptons certaines faiblesses sans résistance. Elles existent et elles ne passeront pas à moins de dépenser une énergie considérable pour en venir à bout. Est-ce bien utile ? N'avons-nous pas des objectifs plus agréables, plus intéressants et plus sûrs à atteindre ? Et si ces peurs nous montraient la voie de ce qui ne nous convient pas du tout, et nous remettaient sur la bonne route ?

La tristesse

• **La tristesse est liée à un manque ou à une perte**
Nous sommes souvent tristes car nous passons notre existence à perdre des êtres ou des choses – nous perdons notre enfance, notre jeunesse, quelques cheveux, l'amour des uns, la passion que nous avions pour telle personne ou telle activité, notre sentiment d'invulnérabilité (quand nous sommes malades pour la première fois). Nous perdons aussi des objets, nous quittons notre logement, nous changeons de région. Ou, tout simplement, c'est la fin des vacances...
Même les joies s'accompagnent d'une petite tristesse. Quand nos enfants font leurs premiers pas, prononcent leurs premiers mots, quittent la maison, rencontrent l'homme ou la femme de leur vie... ce sont des progrès, bien sûr. Nous nous en réjouissons,

mais nous avons un petit pincement au cœur : ils s'éloignent de nous. Même pointe de tristesse lorsque nous vivons un moment parfait car nous savons bien qu'il ne se reproduira jamais à l'identique : « Nous n'aurons plus jamais notre âme de ce soir » écrivait joliment Anna de Noailles[1]. Ou encore Barbara : « Le temps ne se rattrape pas... » Vue ainsi, la vie est une succession de pertes, de « deuils » à faire et il y a de quoi être triste. Comment se remonter le moral ?

• « Plus la tristesse a creusé profond en votre cœur, plus ce cœur peut contenir de joie[2] » (Khalil Gibran)

Ceux qui ont le moral constatent quelques secondes la tristesse mais ne s'y attardent pas. Ils ne l'alimentent pas en brassant la nostalgie des souvenirs, des personnes disparues : « Mère, écrivait Mozart, dans l'une de ses lettres, je vous ai assez pleurée[3] ! »

Il ne s'agit pas d'éviter la tristesse mais seulement de ne rien faire qui puisse l'attiser ou la prolonger. De plus, derrière une porte qui se ferme, une autre s'ouvre. Nous ne revivrons plus certains moments précieux ? Eh bien, nous en vivrons d'autres ! Nos enfants ne seront plus jamais des bébés mais nous pourrons leur parler, partager leurs expériences, les voir se construire.

Il n'est pas drôle de vieillir, mais nous en comprenons les bénéfices : à mesure que nous avançons, nous

---

1. Anna de Noailles, *L'Offrande*, choix et présentation de Philippe Giraudon, La Différence, collection « Orphée », 2012.
2. Khalil Gibran, *Le Prophète*, Le Livre de Poche n° 9685.
3. Cité par Brigitte et Jean Massin in *Wolfgang Amadeus Mozart*, Fayard, collection « Les indispensables de la musique », 1990.

gagnons en patience, en lucidité, en sagesse et en conscience. Nous savons de mieux en mieux qui nous sommes et ce que nous voulons. Nous apprenons à choisir, à dire non, à ne plus perdre de temps.

Pour une bonne gestion de ses émotions

Soyons bienveillants à l'égard de nos émotions. Elles sont humaines, et donc inévitables. Mais retenons ceci :

• **Elles ne durent pas.** C'est un moment de tristesse ou de colère ou de déprime. Ça va passer.

• **Regardons-les aller et venir.** Les sages ont des idées noires comme tout le monde mais ils les regardent traverser leur esprit comme on observe un gros nuage filer dans le ciel.

• **Interrogeons-les si elles persistent.** Pourquoi avons-nous peur ? Que se passe-t-il ? Est-ce justifié ou pas ? Une peur ancienne est-elle réveillée ? De même pour la colère ou la tristesse.

• **Ne confondons pas les pensées et les actes.** Les émotions entraînent parfois des pensées qui nous affolent : envie de secouer le bébé pour qu'il arrête de pleurer ? Envie de mourir tant nous sommes tristes ? Envie de tuer tellement nous sommes en colère, déçus, trahis ? Ce n'est pas parce que nous le pensons que nous le ferons. De plus toutes les pensées – même les plus moches, même les plus mauvaises – sont permises. Elles ne nuisent à personne. Seuls les actes comptent.

• **Protégeons-nous !** Nous sommes hypersensibles, vite démoralisés, plus fatigués que d'habitude ? Eh bien, mettons-nous à l'abri des mauvaises nouvelles, des personnes déprimantes, des livres ou des films sinistres. Pour garder le moral, sachons le protéger !

La joie

• Toutes les joies donnent le moral

Comme la peur, la colère ou la tristesse, la joie nous anime constamment. Elle prend des formes très variées :

Le plaisir

Plaisir de prendre une douche, un petit-déjeuner, d'arriver au travail, de rentrer chez soi, de retrouver les enfants, de les coucher, de dîner, de mettre les pieds sous la table devant une bonne émission ou un bon film, de se blottir dans des draps propres, contre l'amour de sa vie... Un rien peut nous faire plaisir : un rayon de soleil, des chaussures neuves, un café, un SMS, un article intéressant, un visage souriant, etc. Même en période de crise, nous vivons quantité de plaisirs minuscules.

La satisfaction

La joie s'exprime aussi au travers de satisfactions. Satisfaction d'avoir rempli une corvée ou fait sa B. A., d'avoir bien travaillé, d'avoir rangé la cuisine avant de partir et déposé les enfants à l'heure à l'école, d'avoir avancé dans l'album photos des vacances ou d'avoir lavé la voiture qui en avait bien besoin ! Certains sportifs éprouvent une joie intense à fournir des efforts considérables pour se dépasser. Plus le défi est difficile à relever, plus ils sont satisfaits.

Le bien-être

La joie prend encore le visage du simple bien-être. On se prélasse dans son bain. On a enfin l'occasion de prendre son temps, de traîner au lit le matin. On s'attarde à une terrasse de café ou on se balade en forêt et on savoure le moment : quel bonheur !

Le rire

Un enfant de 5 ans éclate de rire entre vingt et cent fois par jour. Les adultes beaucoup moins souvent, et les Français de moins en moins. En 1939, ils riaient vingt minutes par jour, en 1985, six minutes, et en 2010, une minute. Parions qu'avec la crise, la cote du rire va remonter. Car c'est un besoin, surtout quand les autres émotions sont à vif, telle la peur qui nous tenaille quand les prix grimpent et que les salaires stagnent (si salaire il y a !). Tout se passe comme s'il fallait rire pour ne pas pleurer. Sur ce plan, Internet est une mine où trouver des blagues, des vidéos de gags et des sketches hilarants. Et surtout, n'hésitez pas à faire circuler...

Le rire, c'est bon pour le moral et... la santé

Le rire est le contraire de la cigarette : non seulement il ne tue pas, mais il dope notre santé en diminuant la tension artérielle, en tonifiant les organes, en facilitant le passage du sang et de l'oxygène dans le cœur, en renforçant nos cellules immunitaires contre les maladies et, surtout, en donnant envie de vivre pleinement. Ah ! Quel bonheur de sentir cette joyeuse énergie nous parcourir le corps et nous vider l'esprit ! Une énergie qui rassemble (car nous rions rarement seuls) et qui défoule. Le rire augmente aussi la sécrétion d'endorphines, ces hormones des idées roses qui diminuent la dépression et même la douleur, en agissant comme des opiacés naturels : dans les services où vont les clowns médecins, la consommation d'antalgiques diminue. Le rire permet encore d'évacuer le stress. Voyez ces fous rires qui se déclenchent pendant les enterrements, les sermons, les discours, les réunions ou dans un salon guindé...

La joie agit comme une drogue douce. Plus nous rions plus nous avons envie de rire. Des chercheurs américains ont observé que le rire déclenche le même genre de stimulation que la prise de drogues, en moins dangereux. C'est une piste que la recherche explore pour cerner les mécanismes de la déprime. Comprendre la dépression en étudiant le rire, voilà un paradoxe... amusant ?

• Pour renforcer la joie

Ceux qui gardent le moral sont de grands adeptes de la joie. Ils connaissent parfaitement leurs sources de contentement et n'éprouvent aucune culpabilité à se faire du bien. Ils cultivent autant que possible les moments de bonheur. Ils les organisent, y pensent longtemps à l'avance, se les rappellent longtemps après. Ce sont des jardiniers du plaisir. Ils essaient d'en éprouver tout au long de la journée. Ils traquent les satisfactions dans les tâches les plus humbles. Pour eux, la joie est un mode de vie, une humeur entretenue. Comment font-ils ?

Qu'est-ce qui me fait du bien ?

Ceux qui ont le moral peuvent répondre à la question sans réfléchir : courir, aller à la piscine, lire un bon polar, se promener, manger un Magnum... Dresser la liste de ses plaisirs permet de savoir comment remonter la pente, court-circuiter les ruminations et chasser ses idées noires. Quelques pistes : Laure fait un puzzle, de la broderie ou du tricot. Elle a besoin de s'occuper les mains et de s'appliquer. Ses soucis se dissipent dans la concentration. Pour les mêmes raisons, son mari fait des maquettes.

Quand suis-je content ?

Ce qui nous rend contents ne relève pas de plaisirs immédiats. Il s'agit plutôt de satisfactions : je suis contente quand la maison est rangée, quand je suis ponctuelle, quand j'ai bien travaillé dans la journée, quand je fais du sport au moins deux fois par semaine... En répondant à cette question, vous saurez comment organiser votre vie pour avoir un bon moral. Notons que nous pouvons être « contents » même en période de crise. Certes, nous sommes en recherche d'emploi mais nous avons bien utilisé cette journée (envois de C.V., réponses à des annonces, bricolage dans la maison et jeux avec les enfants).

Nommer ses joies

Se réjouir décuple le plaisir. Non seulement on vit des joies mais, en les nommant, on augmente leur intensité, on en prend mieux conscience. Lorsque j'étais enfant, je vivais chez mes grands-parents, des personnes âgées et malades. Je connaissais très bien les joies des cours de récréation mais j'ignorais celles des grandes personnes qui me semblaient grises et sérieuses. Un jour, je fus confiée à une dame qui s'appelait Odette. Nous étions dans son jardin, un après-midi d'été, et je l'ai entendu dire avec un soupir d'aise : « Qu'est-ce qu'on est bien ! » Ce fut une révélation : « Ah ! Mais oui, nous étions bien et je ne le savais pas ! » Le bonheur est un peu comme l'amour : tant qu'il n'est pas formulé, il reste flou, incertain, possible mais moins tangible. En disant à quel point nous sommes contents, heureux, satisfaits, nous sommes deux fois plus heureux.

S'entourer de gaieté

La gaieté est une bonne humeur naturelle. On peut la stimuler en évitant les histoires tristes mais aussi en s'entourant de couleurs. Annabelle dit se sentir mieux depuis qu'elle a décidé de porter systématiquement sur elle au moins une touche de couleur vive. Sur fond de jeans et de tee-shirts tout simples, elle porte une bague fleur qui flashe, une ceinture mauve, des boucles d'oreille soleil, du vernis à ongles vermillon. Même recherche dans son appartement, où des touches de couleur éclatent dans un contexte zen. Quand elle a le moral en berne, elle regarde sa palette de gaieté et elle va mieux. Lilou, quant à elle, ne porte jamais de noir : « Ça me fait flipper ! » Et « flipper », elle a horreur de ça !

Faire des provisions de rires

Je me souviens d'un homme qui, pour faire rire sa femme, collectait dans la journée tout ce qui l'amuserait : une scène de rue, un dialogue écouté dans le train, une idiotie d'animateur entendue à la radio... L'idée est excellente. Les couples qui restent heureux pendant trente, voire soixante ans de vie commune, constatent tous que le plaisir les a soudés. Comme disait un monsieur qui fêtait ses noces d'or : « Vous comprenez, ça fait cinquante ans que j'ai du plaisir à rentrer chez moi, tous les soirs. » Dans les familles heureuses, on rit beaucoup, à travers des jeux, notamment. Chez les Dupont, cela fait vingt ans que la corvée de débarrasser la table est tirée aux dés tous les soirs, vingt ans que celui qui a perdu râle, vingt ans que les autres sautent de joie d'échapper à la corvée. Les parents et les cinq enfants y prennent toujours autant de plaisir. C'est aussi une belle métaphore de la vie, avec ses hasards et ses injustices (ceux qui ont de la chance et ceux qui n'en ont pas). Et quels souvenirs pour plus tard ! On se rapproche dans le rire. Les barrières adultes-enfants tombent. D'ailleurs, les bons professeurs savent rire avec leurs élèves, avant de reprendre sérieusement le travail. Trouvons nos zones de bonne humeur : le comique de situation, le comique de répétition, les jeux de mots, la cocasserie ou pourquoi pas la boîte à Meuh...

Trouver sa forme d'humour

L'humour est un dérivatif, une arme antistress, une manière très efficace de prendre du recul. On ne peut pas faire de plus beau cadeau à un enfant que de l'encourager à rire, à prendre les petites contrariétés à la légère, ce qui n'empêche pas de poser des limites et d'exiger du sérieux dans le travail, par exemple. À ce propos, les histoires, les livres d'images sont de précieux alliés car ils encouragent à regarder la réalité (et les difficultés qu'elle soulève) d'un regard amusé.

Les peurs sont amplifiées pour faire rire, les colères aussi, si bien qu'on apprend à la fois à reconnaître ses émotions et à en rire. C'est cela, l'humour : un regard décalé sur les événements, les sentiments, les situations. Il permet de mettre les difficultés à distance. Puisqu'on en plaisante, ce n'est pas si grave.

Pierre Desproges, maître de l'humour noir, parvenait même à rire de son cancer ! Il disait : « Cancer, métastase, Schwarzenberg[1], espoir : parmi ces quatre mots, cherchez l'intrus. » Il ajoutait qu'« on peut rire de tout mais pas avec n'importe qui ». Ce qui amuse les uns tombe à plat pour les autres. Allons voir ailleurs si l'humour est plus compatible.

Le plaisir compliqué des « rabat-joie »

Et les râleurs, les sinistres, les rabat-joie ? Ignorent-ils les plaisirs, les satisfactions, le bonheur ? Sont-ils coupés des plus belles émotions ? Non, à moins d'être atteints de dépression. Mais leur joie est cachée, détournée, ignorée. Sans doute faut-il en trouver l'explication dans leur enfance. Chez eux, le père demandait le sérieux, la mère, le sens des responsabilités, la grand-mère, le drame... Aussi ont-ils pris l'habitude de s'épanouir dans la gravité et la difficulté. Kafka – qui n'avait pas la réputation d'être un écrivain comique – trouvait ses livres hilarants, et Thomas Bernhard, grand écrivain misanthrope, relisait des passages de ses propres textes, pourtant très sombres, pour se remonter le moral. Quant à Nietzsche, il voyait dans l'idée du suicide « une puissante consolation ». Comme quoi, chacun a sa propre

---

1. Cancérologue célèbre (1923-2003).

manière d'aller bien. Nous possédons tous en nous un potentiel de bonheur, mais certains se cachent pour sourire. Trop de soleil, de gaieté ou de rires les éblouit. Il leur faut des problèmes à résoudre, des combats à mener, des plaintes à formuler. Là, ils se sentent dans leur élément. Là, ils se sentent exister. L'erreur serait de vouloir les « rendre heureux » à notre manière plus lumineuse car, ne nous y trompons pas : ils éprouvent un plaisir certain à râler, à critiquer, à se plaindre. À leur manière un peu tordue, ils trouvent leur joie dans la noirceur. Leur demander autre chose serait contre-nature. Laissons-les dans leur registre mais gardons le nôtre. Faire son propre bonheur sans chercher à faire celui des autres malgré eux, quel soulagement !

DEUXIÈME PARTIE

LES RELATIONS AVEC LES AUTRES

CHAPITRE VI

FAIRE SON BONHEUR RELATIONNEL

Nous avons besoin les uns des autres. Il y a ceux qui nous font rire, ceux qui nous donnent du travail, ceux qui nous aiment, ceux qui nous enchantent, ceux qui nous dépannent, ceux qui nous mettent en confiance, ceux qui nous soignent, ceux qui nous font découvrir la nature, des livres, des films ou des chansons, ceux qui nous racontent leurs voyages ou partagent leur passion, ceux qui ouvrent des perspectives, ceux qui savent nous regonfler à bloc... Nous avons sans cesse besoin des autres pour vivre, tout simplement. Comment faire pour que ce contact permanent soit le plus agréable possible ? Car un bon contact est garant de notre moral : les gens nous renvoient alors une image très positive de nous-mêmes. Ils nous sourient, nous trouvent charmants, et nos journées sont bien meilleures. Rappelons que les personnes agressives et désagréables nous pourrissent la vie, certes, mais qu'elles pourrissent aussi la leur. Avec elles, nous sommes hostiles et fuyants, si bien qu'elles peuvent se sentir indésirables, rejetées, mises au ban de la société. Elles s'enferment dans un cercle vicieux. A contrario, l'amabilité est un cercle vertueux. Lorsque nous sommes attentifs et souriants, les autres, en général, nous le rendent bien. Notre moral s'en ressent : nous nous sentons acceptés. Du coup, nous sommes encore plus aimables. C'est ainsi que l'on devient une personne heureuse d'elle-même et de sa vie, une personne recherchée.

En temps de crise, il est encore plus important de bien s'entendre avec les autres car nous avons besoin d'être solidaires. La tentation est de se replier sur soi alors qu'il faudrait continuer de s'intégrer, savoir se serrer les coudes et compenser les effets de la crise par plus de chaleur humaine.

Ce qui donne le moral

• Avoir le goût des autres

Le sentiment de vivre dans un « monde de brutes » stimule des émotions comme la peur et la colère. On ne peut être heureux que si le contact avec les autres apparaît – dans l'ensemble – comme une source de joie. Ceux qui ont le moral sont plutôt ouverts et de bonne composition. Souvent, ils déclarent aimer les gens. Faire de nouvelles rencontres les intéresse et les stimule. Quand ils en ont le temps, ils aiment discuter avec leurs congénères. Ils s'attardent au marché, n'hésitent pas à entrer en relation dans une salle d'attente. Si on ne leur rend pas la pareille, ils ne s'en formalisent pas : ils comprennent que l'on veuille lire tranquillement. Quant aux incivilités, ils les attribuent à une mauvaise éducation, à l'urgence ou encore à la distraction (« Les gens sont dans leur bulle »). Ils savent qu'il leur arrive aussi de faire une queue de poisson ou de bousculer quelqu'un pour descendre plus vite d'une rame de métro. Cette conscience de la réciprocité des comportements les rend indulgents. Chaque personne rencontrée est vue comme un ami potentiel et non comme un ennemi à combattre.

• Être apprécié

On pense parfois qu'il faut des qualités exception- nelles pour être apprécié, par exemple se montrer intelligent, subtil, savoir s'exprimer... Alors qu'il suf- fit, en général, d'exprimer sa joie de rencontrer cette personne et de se mettre en phase avec elle, c'est- à-dire de parler si elle a envie de parler, d'être discret si elle ne semble pas avoir envie de s'épancher. Autre- ment dit, c'est en prenant soin de cette relation, bien plus qu'en nous imposant, que nous aurons toutes les chances de passer pour quelqu'un de sympathique.

• Être efficace

Les relations qui nous rendent contents de nous sont des relations efficaces. Nous n'avons pas toujours le temps de faire la conversation ou de passer des heures à écouter les plaintes d'un voisin. Gardons la direction des opérations. Sachons écourter le contact quand nous sommes importunés, dire que nous sommes désolés de devoir partir mais promettre qu'une autre fois nous prendrons le temps de parler.

• Avoir raison

Nous sommes heureux quand nos interlocuteurs abondent dans notre sens. On le dit bien : « Qui se ressemble s'assemble. » Nous cherchons donc les points communs. Problème : nos avis peuvent diverger et les autres aussi veulent avoir raison. Une bonne solution consiste à commencer par acquiescer sur un point. Ensuite, nous pouvons apporter quelques nuances avec tact.

• **Faire du bien...**
... fait du bien. Surtout en pleine crise. Rendre service, aider les autres distrait de ses problèmes. Cela redore aussi la mauvaise image que nous pouvons avoir de nous-mêmes après un licenciement ou une rupture. Catherine se console de tous ses chagrins quand elle exporte ses talents d'infirmière au Cameroun. Voir des enfants malades retrouver la santé grâce à ses soins lui fait chaud au cœur. Elle se sent utile, bénéfique et... occupée. Si dévouée aux autres qu'elle en oublie ses propres problèmes.

Nous sommes naturellement altruistes

Dès qu'il sait marcher, un enfant va chercher à aider un adulte en difficulté. Une expérience faite récemment en Allemagne montre un homme, les bras chargés de boîtes en carton, qui essaie d'ouvrir un placard et n'y arrive pas. Un petit se presse alors, à quatre pattes, pour l'aider. Il ouvre la porte, puis regarde l'adulte pour s'assurer qu'il a bien fait. La conclusion des psychologues est formelle : les jeunes enfants sont naturellement altruistes. Et les adultes le restent, sauf histoire ou éducation particulières. Mais alors, que penser des guerres et des tueries qu'elles entraînent ? Des recherches en neurologie et en histoire militaire montrent que les soldats répugnent à tuer lorsqu'ils sont proches de l'ennemi (contrairement aux pilotes qui ne voient pas leur cible). Pour qu'ils tirent, il faut les conditionner, jouer sur la soumission aux ordres, la solidarité de groupe et... l'alcool.

Ce qui sape le moral

• Se sentir agressé

Certaines personnes ont des manières brusques. Elles aboient plus qu'elles ne parlent ; elles « nous cherchent ». L'erreur serait d'entrer dans leur jeu et de faire « monter la mayonnaise ». Il vaut mieux considérer que cette agressivité ne nous concerne pas. Nous ne sommes pas visés ; il ne s'agit que d'une façon de parler ou de projections. Il se peut aussi que les gens ne se rendent pas compte de leurs manières ou du ton employé. Un léger recadrage suffit parfois : « On pourrait peut-être dire les choses autrement... »

Un jour, Amel se fait agresser verbalement par un inconnu ; elle lui répond alors gentiment : « Cette remarque, je vous la rends car elle ne m'appartient pas ! » Face à une telle réaction, les gens sont tout étonnés. Ils réalisent en effet qu'ils ne savent rien de leur « victime » et qu'ils ont parlé trop vite, et parlé « en général ». Cédric pourrait employer cette technique à bon escient. Il est médecin hospitalier, très dévoué à ses patients, pas très bien payé quand on considère ses années d'études et ses horaires de travail. Un jour, en sortant d'une garde, il entend un SDF qui lui lance au visage : « Espèce de salaud, tu t'enrichis sur le dos des pauvres ! » Une phrase – extrêmement injuste – que Cédric a ruminée des jours entiers en la prenant pour lui. À tort, car cet homme se sentait victime, certes, mais pas de ce jeune médecin qu'il n'avait jamais vu.

• Se sentir coincé
Quand on se retrouve pris au piège d'un <u>bavard</u> qui ne vous lâche plus, il est une technique qui fonctionne assez bien. Elle consiste à interrompre sa <u>logorrhée</u> en glissant au moment où il reprend son souffle : « Je suis tout à fait d'accord avec vous mais il faut hélas que je vous quitte... »

• Se sentir rejeté
Surtout par temps de crise, des clans se forment – dans les entreprises, par exemple. Ce sont des regards hostiles, des messes basses et parfois une forme de harcèlement moral. Cette situation peut rendre malade, conduire à la dépression. La solution consiste à trouver si possible quelques alliés et à pratiquer l'humour pour prendre de la distance. Valérie, qui a connu cette situation, a commencé par se replier sur elle-même, éprouvant une sorte de honte. En prenant un peu de recul, elle s'est aperçue qu'elle n'était pas la seule à subir les persécutions de cette chef hystérique. Avec deux autres collègues, elles se sont mises à la caricaturer en empruntant ses postures et ses grands airs. « J'ai compris que ce n'était pas parce qu'elle était

méprisante que j'étais méprisable », ajoute Valérie. Elle s'est alors sentie si forte que son « bourreau » s'est reporté sur d'autres cibles, plus vulnérables.

Ne soyons pas trop « regardants » sur les gens

Laisser faire, laisser dire, laisser les gens être comme ils sont sans être trop « regardant » est l'un des conseils les plus utiles qui soient pour garder le moral. L'important est son propre comportement, ce que l'on attend de soi-même, ce que l'on croit bon de faire. Que les autres réagissent à leur façon ne devrait pas nous toucher excessivement. Certains savent être fidèles, se montrent reconnaissants pour ce que nous avons donné. Ils n'oublient jamais ! Mais d'autres peuvent se sentir contrariés d'être redevables. Une collègue que j'avais aidée à obtenir un rendez-vous immédiat chez un spécialiste débordé pour sa mère souffrant de la maladie d'Alzheimer me l'avait ensuite reproché : « J'ai horreur des passe-droits. » S'attarder sur ces remarques injustes entraîne des baisses de moral, des ruminations qui n'en valent vraiment pas la peine. Oublions-les le plus rapidement possible. Et pensons que les gens suivent leur logique sans se rendre compte de l'impact de leurs actes et de leurs paroles. Aussi peut-on choisir de rappeler gentiment la séquence : «Tu me demandes un service, je te le rends et tu n'es pas contente ! » Ce rappel suffit en général à redresser le jugement. Mais recadrons sans animosité. Entrer dans une spirale de reproches, rendre coup pour coup électrise et gâche des journées entières. Dans le métro, si on vous lâche la porte en pleine figure, pensez que ce n'est pas volontaire. Daniel, lui, le prend « comme une gifle ». Quelle erreur ! En fait, on ne l'a pas vu. La plupart des gens ont la tête ailleurs. Ils sont branchés sur leurs mobiles, leurs baladeurs, leurs amours, leurs soucis. Ils marchent – ou plutôt ils courent – « les yeux fixés sur leurs pensées » pour reprendre une expression de Victor Hugo[1]. Personne ne nous en veut. Chacun est enfermé dans sa bulle. D'ailleurs, essayez de demander un renseignement, faites un sourire et, souvent, le voyageur incivil se montrera tout confus : « Oh, pardon ! »

---

1. Dans son poème « Demain, dès l'aube… », écrit à la mémoire de sa fille Léopoldine : « Je marcherai les yeux fixés sur mes pensées, / Sans rien voir au-dehors, sans entendre aucun bruit… » (*Les Contemplations*, Le Livre de Poche n° 1444).

CHAPITRE VII

BIEN NÉGOCIER LES RELATIONS OBLIGATOIRES... ET DIFFICILES

Il peut s'agir de relations professionnelles (des liens de copinage imposés par un conjoint qui ne peut pas s'en passer, par exemple), de relations familiales (frères et sœurs, beaux-frères, belles-sœurs ou beaux-parents avec qui nous n'avons pas beaucoup d'atomes crochus), de relations « historiques » (des amitiés d'enfance qui se perpétuent alors que les centres d'intérêt et les modes de pensées ont divergé) ou encore de relations de voisinage (avec les gens d'à côté, la gardienne de l'immeuble ou les commerçants du quartier). Il peut enfin s'agir de relations amoureuses qui ont été très fortes mais qui battent de l'aile. Soit la rupture s'annonce, soit il nous faut bien trouver un *modus vivendi* car la crise – pour des raisons économiques – nous empêche d'envisager une séparation physique. À moins que nous ne soyons liés par ce que nous avons construit ensemble, hésitant à envoyer promener tout un passé commun : famille, maison, souvenirs, mode de vie...

Comment s'accommoder de toutes ces relations que nous n'avons pas choisies (ou que nous ne choisirions plus si c'était à refaire) ? Il faudrait arriver à composer avec elles sans heurts et sans conflits, sans revenir malade d'un simple déjeuner parce que notre beau-père s'est montré méprisant ou parce que notre mère nous a lancé ses piques habituelles, répétant à quel point les enfants « des autres » sont exception-nels – une façon bien perverse de signifier que les nôtres, décidément, ne sont pas à la hauteur de ses espérances.

Comment les supporter ?

Comment supporter les personnes exaspérantes ou hostiles qu'il nous faut côtoyer ? Comment accepter qu'elles ne nous apprécient pas non plus ? Au moins cette lucidité a-t-elle du bon. Nous sommes conscients des raisons pour lesquelles leur compagnie nous est pénible. Et si leur personnalité, leur manière d'être et de nous traiter nous rappelaient des situations ou des relations déjà vécues ? Agathe, 27 ans, a de sérieux problèmes avec sa chef, une personnalité survoltée, qui court dans tous les sens, promet beau-coup et tient peu ses promesses. Elle provoque un désordre inouï dans son service. L'enfant intérieur (toujours lui) d'Agathe est dans tous ses états. Pour des raisons objectives (les ordres et contrordres de « Zébulon » sont difficiles à suivre) mais aussi pour des raisons subjectives (la mère d'Agathe était une « bobo-bohème » sur qui on ne pouvait jamais compter). Ceci identifié, Agathe peut dissocier les deux femmes et demander – à longueur de journée, si nécessaire – des précisions sur les tâches qu'il convient bien d'effectuer.

• Vous ne les changerez pas

Prenons bien conscience que nous ne les changerons pas. Espérer qu'un chef autoritaire devienne un as de la diplomatie est pure utopie. Comme de croire que vos beaux-parents bourrés de préjugés – ils vous ont étiquetés « bourgeois », « Parisien » et « idiot » – changeront d'avis un jour et vous accueilleront à bras ouverts. Ou que ce collègue vous pardonnera vos diplômes et votre savoir-faire (alors qu'il briguait le poste pour lequel vous avez été embauché). Ou encore que votre sœur – qui a toujours été jalouse des tutus roses que votre grand-mère vous offrait, puis des garçons qui vous attendaient au bas de l'immeuble en scooter – cessera de vous reprocher tout ce qu'elle n'a pas connu (c'est envisageable, mais cela risque de prendre encore un certain temps).

Entrez-vous bien cette idée dans la tête. Dans le cas contraire, vous allez faire des pieds et des mains pour leur faire comprendre qu'il n'est pas malin de leur part de vous braquer. Ou qu'ils pourraient obtenir beaucoup plus de vous, en s'y prenant autrement. Ou encore que les relations pourraient être beaucoup plus agréables s'ils voulaient bien mettre un peu d'eau dans leur vin ou renoncer à des comportements puérils. Euh... Il n'est pas certain qu'ils prennent bien ces leçons de morale. En revanche, il est sûr que vous courez le risque de vous éloigner, encore un peu plus d'un échange empreint d'affection, d'estime et de respect mutuels.

• Juger ne sert à rien

Oh! bien sûr, le jugement a des avantages : il nous donne raison, il défoule et permet de se sentir supérieur. Jamais nous ne ferions ce qu'ils font, jamais nous ne serions comme eux! C'est l'effet rebond qui risque d'être douloureux. Plus subtilement, il nous coupe des autres. Nous trouvons en général des complices pour critiquer les autres. Ils s'amusent avec nous mais ils ne sont pas très rassurés : si nous disons du mal des autres, nous en disons également d'eux. Et puis, sommes-nous à l'aise dans ce rôle de juge, d'arbitre du bien et du mal? Nous sentons que c'est un peu faux, un peu caricatural. Nous savons bien que nous ne sommes pas toujours des saints! Le jugement est une nappe de brouillard noir qui s'étend à tout le monde, y compris à soi-même. Mais le pire est qu'il coupe de toute évolution possible. « C'est une méchante » : eh bien, voilà, la messe est dite. Il n'y a plus à y revenir. Les débuts d'une relation sont souvent difficiles. Nous sommes intimidés, mal à l'aise. Des défenses se mettent en place, c'est-à-dire des manières plus ou moins agréables pour les autres de se protéger de l'inconnu, qui représente un danger potentiel. Ce sont des manifestations d'agressivité, de rejet, d'étiquetage (pour se donner l'illusion d'être en terrain connu). De même, quand on prend de nouvelles fonctions, on risque facilement de tomber dans l'autoritarisme et la désorganisation. Le bon conseil : attendons de voir. La situation peut s'améliorer à mesure que la confiance se gagne. Nos beaux-parents vont découvrir que nous ne sommes pas que... ce qu'ils croient. « Zébulon » va se calmer en prenant ses marques. Quant à notre sœur, fixée à ses rivalités d'adolescence, elle va grandir et trouver des raisons de s'apprécier.

• Ne prenez pas les choses contre vous

Nous nous énervons quand nous prenons contre nous les réactions des autres. En fait – retenez bien cette idée –, on ne parle jamais que de soi. On vous reproche d'être « agressif », par exemple ? Eh bien, observez qui vous fait cette critique ; quelqu'un d'agressif, forcément. On vous traite de « mauvais ami » ? Mais est-il un bon ami, celui qui dit cela ? Si vos beaux-parents vous trouvent trop bourgeois ou d'un milieu trop modeste cherchez à savoir ce qu'ils pensent de leur propre situation sociale. Et cette sœur jalouse ? Eh bien, elle ne fait que dire à quel point elle ne s'aime pas. Arthur, quant à lui, accable sa femme. Il la contrôle, lui reproche de « manquer de rigueur » (comme si c'était le propos dans un couple). En fait, c'est à lui que ces critiques s'adressent. Il ne se trouve jamais assez bien et il projette sur elle ce qu'il ressent. Et si la psychologie des cours de récré (« C'est celui qui dit qui l'est ») n'avait pas tort ?

• Ne faites pas de suppositions

Faire tout un tas de suppositions sur les raisons pour lesquelles les autres disent ceci ou font cela ne mène nulle part. Ce ne sont que des hypothèses. En fait, nous n'en savons rien. Pourtant, notre imagination va bon train : « Elle a dit que... donc elle pense que... », « Il a fait ça... donc il est ça. » Stop ! Nous ne savons rien de ce que pensent les autres tant qu'ils ne se sont pas expliqués. Admettons notre ignorance et attendons la suite. Un exemple : une amie décommande une invitation à dîner au dernier moment. Nous sommes vexés, nous pensons qu'elle a mieux à faire. C'est une pensée blessante pour elle... et pour nous. La réaction agacée qui consiste à dire : « Au dernier moment, quel sans-gêne ! » n'est pas plus digne de notre amitié. La bonne posture, celle qui préserve notre moral : reconnaître que nous ne savons pas ce qui est arrivé. Elle nous le dira le moment venu. Point. Laissons passer l'événement sans rien imaginer, ce qui revient à rester en paix avec l'autre et avec soi-même. Il est épuisant et stressant d'envisager mille hypothèses. En mettant cela de côté, nous réduisons la contrariété due à l'absence de cette amie au dîner. Une contrariété qui se dissipe dans la bonne ambiance de la soirée.

Faites comme si…

C'était l'un des secrets de François Mitterrand, connu pour ses ruses et son art de la manipulation. Quand on lui disait que quelqu'un n'était peut-être pas sincère, pas fiable, il répondait : « Faites comme s'il l'était ! » Le conseil était excellent et tellement habile ! Votre chef est incompétent ? Faites comme s'il était brillant. Votre beau-père est odieux ? Faites comme s'il était charmant ! Vous vous êtes accroché avec un collègue ? Faites comme s'il ne s'était rien passé. Trois avantages : le premier est que vous restez aimable au lieu d'attirer les griefs. Le deuxième est que la personne va se détendre puisque vous semblez avoir une bonne opinion d'elle. Elle peut même, dans ce contexte relationnel, se bonifier réellement. Troisièmement, vous dédramatisez les tensions du passé puisque vous ne semblez pas vous en souvenir. Faire « comme si » est donc une excellente manière de désamorcer un conflit ou, au moins, de mieux vivre un contexte difficile.

Savoir se protéger

Mais comment faire quand notre moral est vraiment en berne? Quand des scènes nous abîment, quand les agressions sont d'une telle violence que nous en sortons vidés?

• S'échapper

Sortir de la pièce ou éloigner le téléphone... La fuite est une bonne méthode, à employer plus ou moins ouvertement. En famille, nous prétextons une tâche urgente à accomplir et nous courons à la cuisine. Au travail, Agnès se retire aux toilettes, se prend la tête entre les mains et se calme. Ou bien elle se passe de l'eau sur le visage, sort fumer une cigarette. Parfois, elle se contente de respirer l'air à pleins poumons, en se concentrant sur la beauté du ciel, le tronc d'un arbre, les passants : celui qui court, celle qui porte ce drôle de manteau bariolé, etc.

• Recadrer

Si nous le pouvons, si nous savons que cette solution ne provoquera pas d'esclandre, essayons de recadrer ceux qui nous agressent : « J'entends ce que tu dis mais j'entendrais encore mieux si c'était dit sur un ton plus agréable... » Certaines personnes ne se rendent pas compte qu'elles peuvent heurter et ne nous en veulent pas du tout de le leur signaler. À employer tout de même avec discernement.

• Proposer son aide

La méthode est à la fois noble et un peu perni-cieuse. Noble, parce qu'elle se situe au-dessus de l'agression : « Manifestement, cela ne me concerne pas. » Pernicieuse, parce qu'elle laisse entendre que celui qui s'énerve et s'agite est un pauvre individu dépassé par les événements. Une phrase-clé peut avoir un effet calmant immédiat : « Je vois que tu es ennuyé, puis-je t'aider ? » Cela pourrait simplement être aimable et vouloir dire : « Si vous m'agressez, c'est que vous êtes en difficulté. Puis-je faire quelque chose ? »

• **Trouver des complices**
Évidemment, le meilleur moyen de garder le moral est de trouver des alliés, des appuis, des complices pour faire face.
Héléna raconte que son mari lui avait promis un voyage à Venise pour leurs dix ans de mariage. En fait de Venise, ils se sont retrouvés dans la Nièvre pour assister aux 72 ans de son beau-père. Non seulement Héléna n'aime pas la Nièvre, mais elle redoute l'ambiance des fêtes familiales – les blagues usées, les vieilles rivalités, les injustices entre les petits-enfants. Sans compter le spectacle de son cher époux qui redevient un petit garçon face à ses parents. Bref, elle en avait gros sur le cœur. Mais elle n'a pas bronché, comme toujours, pour ne pas faire d'histoires. Pour ne pas être celle par qui le scandale arrive. Pour maintenir de la joie et de la bonne humeur dans sa famille et dans son couple. Mais dans la cuisine, en plein milieu d'un repas, elle a craqué. Elle s'est mise à pleurer toute sa rancœur, toute sa tristesse. Elle a dit qu'elle en avait ras-le-bol et... toutes ses belles-sœurs se sont défoulées. Elles aussi en avaient plus

qu'assez. Elles se sont mises à raconter, à imiter, à se souvenir. Et elles ont commencé à rire et à penser qu'il était bon de partager le même point de vue et de se serrer les coudes dans l'épreuve. Elles ont même lancé l'idée de laisser les fils et leurs parents tous ensemble certains week-ends. Mais oui, quelle bonne idée! Les complices sont partout mais vous ne les connaissez pas encore. Ouvrez l'œil et vous les trouverez...

La technique de la cloche de verre

Cette technique sans violence consiste à visualiser une cloche de verre. Nous sommes à l'intérieur, bien installés, dans un décor que nous aimons (dans un salon confortable, assis au pied d'un arbre en pleine nature, derrière un bureau) et, de là, nous voyons la personne nous agresser, nous entendons ses reproches mais ils rebondissent sur la cloche de verre comme s'ils ne pouvaient pas nous atteindre. Dans cette situation, nous sommes à la fois présents et protégés. Juliette pratique cette méthode avec succès (une méthode qui demande un peu d'entraînement). Mentalement, elle se prépare à la mettre en place quand elle doit affronter quelqu'un de difficile, comme son patron ou son fils adolescent qui traverse une période tumultueuse, ou son ex-mari qui l'injurie régulièrement depuis leur divorce. Il lui arrive aussi d'y avoir recours pendant une discussion, quand celle-ci devient négative, déprimante. Mais elle veille toujours à laisser une petite porte qu'elle peut ouvrir à sa guise, pour retrouver la proximité qui lui est chère.
Cette technique de visualisation est particulièrement recommandée si vous êtes comme une éponge, trop sensible aux

humeurs, aux ambiances et aux ondes positives ou négatives. Une hypersensibilité qui, en amour ou en amitié,
est une qualité mais rend parfois vulnérable. D'autres personnes se réfugient, comme dans leur enfance, dans une
cabane ou sous une tente. D'autres encore s'appuient sur
une scène vue dans un film, lue dans un livre. Personnel-
lement, je vais tenir compagnie à Vienna[1], une héroïne de
roman accablée de malheurs mais d'une créativité, d'une
dignité, d'une force de vie qui me donnent du courage. À
côté de ce qu'elle vit, mes petits ennuis ne sont rien... Cherchez votre refuge mental pour y être bien, quoi qu'il arrive.

---

1. Il s'agit d'un personnage de *Sanctuaires ardents*, de Katherine Mosby
(Gallimard, collection « Folio », 2012).

CHAPITRE VIII

AVEC CEUX QUI COMPTENT VRAIMENT

Nous avons un besoin vital de chaleur humaine, d'amour et d'amitié. Un besoin dont la société de consommation nous a éloignés, en nous faisant croire « que le bonheur c'est d'avoir / de l'avoir plein nos armoires », comme le chante Alain Souchon. « Foule sentimentale, on a soif d'idéal... » : comme il a raison ! Laissez un bébé au milieu d'un monceau de jouets, seul devant la télé, et il tombera psychiquement malade. Les enfants sauvages (isolés de la société des hommes pendant des années) n'ont pu rattraper leur retard intellectuel et affectif. Malgré les soins qui leur ont été prodigués, l'affection qui leur a été donnée, ils n'ont jamais su aimer, ni tolérer de l'être. C'est dire à quel point l'affectivité est centrale dans notre existence, à quel point elle compte pour notre bonheur. Un échange détestable avec un inconnu nous ruine le moral pour de longues heures, tandis qu'une belle rencontre, de quelques minutes seulement, peut ensoleiller notre journée. À quoi un enfant sait-il qu'il est aimé ? Pas à la quantité de jouets que nous lui offrons, mais à la joie qu'il lit sur notre visage. Au bonheur manifeste que nous éprouvons en sa compagnie. Dante ne décrit pas l'enfer comme un monde de flammes, mais comme un univers froid, désert, congelé[1].

Vouloir que ça se passe bien

Ces personnes que nous aimons vraiment nous sont si chères qu'elles ont le pouvoir de nous faire beaucoup de mal. Qu'elles nous critiquent, nous retirent leur amour, nous trahissent ou cessent de nous comprendre... et nous sommes au trente-sixième dessous. Comprenons bien leur pouvoir sur nous, afin d'éviter les pièges dans lesquels tombent les amoureux passionnés qui se déchirent, se détruisent et souffrent le martyre. Vouloir que ça se passe bien signifie tout mettre œuvre pour que l'entente soit bonne, que les moments partagés soient agréables, la relation fluide. Comment s'y prendre ? Fournissons d'abord des efforts sur nous-mêmes pour retenir les mots qui fâchent, ne pas céder à notre mauvaise humeur, tenir compte de l'autre et de sa présence (même si nous avons envie d'aller pianoter sur l'ordinateur). Il y a aussi des efforts à fournir pour que la relation continue d'être satisfaisante pour l'un et l'autre. Ce sont des efforts, bien sûr, mais – pour paraphraser un oxymore de Boris Cyrulnik[2] – ce sont de « merveilleux efforts ». Car nous sommes mille fois récompensés de les avoir fournis.

---

1. Dante, *La Divine Comédie*, vol. I : *L'Enfer*, Flammarion, 2005.
2. Je fais allusion au livre de Boris Cyrulnik intitulé *Un merveilleux malheur* (Odile Jacob, 2002).

Quand Catherine et Philippe reçoivent leurs enfants et petits-enfants, ce n'est pas de tout repos. Ils sont rarement d'accord sur la façon d'élever les petits. Leurs fils mettent les pieds sous la table et leurs belles-filles sont plus ou moins sympathiques, mais ils ont décidé que leur rôle, pendant les quinze jours où la tribu est rassemblée, est de tout faire pour qu'il y ait des rires et du bonheur à foison. Donc, pas de remarques mais de la bonne humeur systématique (quitte à prendre sur soi). Et quand il y a quelque chose à dire, c'est toujours gentiment : « Pourrais-tu m'aider ? » Ce qui, d'ailleurs, est bien volontiers accepté.

• **Donner des preuves d'amour**
Il n'est qu'une seule manière d'aimer et de le prouver : elle consiste à montrer à nos conjoints, nos parents, nos amis et nos enfants qu'ils sont un bonheur pour nous. Que nous sommes heureux qu'ils existent. Qu'ils nous sont précieux. Que, sans eux, notre vie serait moins belle, moins heureuse. C'est aussi leur vouloir du bien, leur rendre service, alléger leur peine par notre aide, notre présence, nous mettre en quatre pour eux. Et partager ce qui peut l'être car, à plusieurs, les crises sont moins éprouvantes et les malheurs moins lourds à porter. Tandis que les joies, elles, se décuplent. Ceci posé, chacun a son style. Certains sont très démonstratifs : ils enlacent ceux qu'ils aiment, les appellent tous les jours et leur font de grandes déclarations. D'autres sont plus discrets : ils offrent des regards infiniment tendres, des petites phrases, des petits gestes et des

petites attentions, mais ceux qu'ils aiment ne s'y trompent pas !

• Prendre soin du moral de nos proches

« Aimer, c'est se réjouir », disait Aristote[1]. Puisque la joie est le sentiment de l'amour et du bonheur, il est important de prendre soin du moral des autres. Nous ne sommes pas là pour faire peser notre stress, raconter nos malheurs par le menu, plomber l'ambiance. Plus nous mettons de bonne humeur dans les relations, plus il est agréable de sortir et de vivre ensemble. Évitons les sujets difficiles, les sources de conflits et d'attristement potentiels. Ceci est encore plus vrai avec les personnes que nous chérissons. Les enfants ont parfois besoin d'être cadrés, mais aussi d'être encouragés, gâtés si le cœur nous en dit, complimentés quand ils ont fourni des efforts ou été adorables. Il ne s'agit pas de les « acheter » mais de montrer que nous sommes contents, de nous réjouir avec eux. N'entamons pas les retrouvailles du soir par un très sec : « Tu as fait tes devoirs ? » ou, à notre conjoint : « Tu as acheté le pain ? », « On mange quoi ? » Notre rôle consiste à les trouver formidables et à le leur dire.

Mieux vaut laisser tomber les sujets de querelle, pour rappeler l'essentiel : l'affection que nous leur portons. Il s'agit encore d'être en phase avec leurs besoins du moment. Est-il important pour eux, ce soir, de raconter une journée difficile, de s'épancher, de se distraire, de rester silencieux ? Ce qui donne

---

1. *Éthique à Nicomaque*, Le Livre de Poche, collection « Classiques de la philosophie », n° 4611.

le moral, c'est de se sentir compris, respecté, soutenu, d'être ensemble dans la même humeur (« Tu es triste ? Je compatis à ta peine », « Tu es en colère ? Comme je te comprends ! »). En effet, ce ne sont pas les conseils qui remontent le moral mais la proximité émotionnelle. Rien n'est plus déprimant que de se sentir seul... avec les « proches ».

On parle aussi des « crises d'adolescence », mais que deviennent les preuves d'amour des parents à cette période de la vie de leurs enfants ? Où sont les témoignages de soutien, d'écoute et d'affection dont ces derniers ont plus que jamais besoin, parce qu'ils sont en pleine transformation et que leur avenir se décide ? Ils se plaignent d'essuyer beaucoup de reproches et de subir bien des mises en garde. Sentir qu'ils sont une source de fierté et de joie pour leurs parents devient plus rare.

Aurions-nous perdu de vue cette priorité, qui devrait être une lapalissade : aimer ceux que nous aimons ? Pour avoir écrit plusieurs livres sur les relations amoureuses et familiales, je reçois un nombreux courrier. Or, dans ces lettres, combien de gens se plaignent d'être « pris pour un meuble », d'avoir été « utilisé comme géniteur et puis plus rien ». Une récente étude britannique[1] révèle que 90 % des couples vont se coucher sans même se dire : « Je t'aime » ; 80 % des gens ne donnent même pas un simple baiser à leur partenaire. Pourquoi ? Après une journée de

---

1. Réalisée en 2012 par une chaîne hôtelière, Travelodge, auprès d'un échantillon de 2 000 couples.

labeur, maris et femmes auraient hâte d'aller dormir ! Une telle hâte qu'une caresse, un mot doux en retarderait l'échéance ?

• Ouvrir notre cœur

Nous cachons en général ce que nous avons de plus beau : des capacités de tendresse, d'émerveillement, des élans d'enthousiasme, notre singularité apportant un regard unique sur la vie. Nous avons peur de nous exposer, d'être rejetés, de souffrir, de sembler ridicules. Pour devenir plus heureux, exprimons cette beauté intérieure. En cela, les crises ont un aspect salutaire car elles décoincent les situations bloquées, nous permettent d'exprimer tout l'amour qui est en nous. Quel dommage d'avoir attendu si longtemps ! Je me rappelle les derniers jours de ma belle-mère. Je lui massais le cou et je me suis entendu dire : « J'espère que vous sentez tout l'amour que j'y mets. » Elle a soufflé doucement : « Oh oui, avec émotion ! » Et c'est avec toute la tendresse du monde que je lui ai fermé les yeux. Mais alors, pourquoi avons-nous été si distantes l'une et l'autre, pendant si longtemps ? Sophie a raison de se préparer à la mort de sa maman en lui disant sans cesse qu'elle l'aime. « Une démarche égoïste, dit-elle, je ne veux pas avoir à regretter de ne pas lui avoir dit, de son vivant, à quel point je l'aimais et la remercier de m'avoir tant donné. » « Je ne l'ai pas fait pour mon père, je croyais que j'avais le temps... », explique-t-elle. N'attendons pas la « dernière extrémité ». Toutes ces vaines querelles, toutes ces pudeurs alors que nous nous aimons si fort.

Offrons nos beaux sentiments dès aujourd'hui. Les autres en feront ce qu'ils voudront, ce qu'ils pourront, mais nous serons fiers et heureux de donner et d'avoir donné. Porter un masque, retenir ses élans de générosité, quel dommage !

• Trouver du temps pour eux

Il est des personnes que nous aimons, mais il y a tant de choses à faire, que nous reportons le moment de les voir, de les appeler. Si, par malheur, ils disparaissent, nous sommes sidérés, et tellement malheureux de n'avoir pas dit..., pas fait..., pas été là.

Dans d'autres cas, nous restons proches « en pensées ». Nous sommes heureux d'avoir une telle amie. Nous pensons à elle régulièrement. Oui, vraiment, nous l'aimons énormément ! Mais à force de ne pas la voir, de ne pas lui téléphoner, la relation s'étiole. Il s'écoule trop de mois, trop d'années sans véritables échanges. Trop d'événements sont vécus sans l'autre. Les retrouvailles sont décevantes : nous avons perdu l'élan de la complicité immédiate. Nos récits sont factuels. Ils manquent de chair et de profondeur. Nous ne parvenons pas à retrouver les états d'âme par lesquels nous sommes passés. Certaines amitiés sont indéfectibles, mais d'autres se perdent dans l'éloignement. Ne prenons pas ce risque. L'amour et l'amitié sont des sentiments exigeants car ils demandent du temps, de la présence, un réel souci de l'autre et de son bien-être. Voilà pourquoi, sans doute, nous pouvons généralement compter nos véritables amis sur les doigts d'une main.

• Trouver du temps pour soi

Veillons cependant à ne pas nous oublier. Les « sacri-
fiés » le paient cher (ou le font payer cher) : maladie,
dépression, agressivité. Réservons-nous des plages
de temps qui n'appartiennent qu'à nous. Martine
travaille cinquante heures par semaine. Quand elle
rentre chez elle, c'est pour faire les courses, la cuisine, le ménage et le repassage (l'inégalité du partage
des tâches perdure toujours !). Quand elle a enfin ter-
miné sa longue journée – pendant laquelle elle s'est
efforcée de garder le sourire –, elle se consacre à
son hobby : le scrapbooking ou « collimage » selon
les Québécois, un loisir créatif consistant à inventer
des décors assortis aux thématiques de ses photos.
Les techniques sont nombreuses, les albums magnifiques. Pendant que Martine se concentre sur cette
activité, en lien avec d'autres « scrapeurs » sur
Internet, elle se détend, elle oublie tout. Et tout le
monde chez elle le respecte : « Interdit de déranger
maman ! »

Faire du bien... fait du bien

Bien des chagrins se guérissent dans la gentillesse que nous
dispensons. Catherine s'est toujours guérie de ses ruptures
sentimentales en se jetant à corps perdu dans des activités humanitaires. Nous cherchons parfois quelle grandes
œuvres nous pourrions réaliser pour donner un sens à notre
vie, alors que des actes d'amour tout simples, à notre portée, suffisent à justifier notre place sur terre. Piero Ferrucci,

philosophe et psychologue, raconte ce qu'il appelle une « histoire de voix[1] » : une de ses amies entendait chaque soir, à travers la cloison de son appartement, une petite fille qui pleurait d'angoisse et de solitude pendant que ses parents regardaient, indifférents, la télévision. Leur parler, leur faire la morale risquait d'aggraver la situation, aussi eut-elle l'idée de chanter – oui, de lui chanter des chansons à travers le mur. Des chansons que l'enfant devait entendre, puisqu'elle-même entendait ses pleurs. Et, en effet, bercée par sa voix, la petite fille finissait par se calmer puis par s'endormir. Quelle belle histoire ! Est-il vraiment besoin de devenir riche et célèbre pour réussir sa vie ? de réaliser des prouesses ? Il suffit de chanter pour une enfant triste, de la consoler par quelques ritournelles. De ces actes merveilleux, nous sommes tous capables quels que soient notre âge, notre condition sociale et notre forme physique.

Et quand ça ne va pas ?

• La bonne manière d'en parler

On espère qu'en « mettant son mouchoir par-dessus » les choses s'arrangeront, alors qu'elles s'infectent au contraire comme un abcès mal soigné. Il est préférable d'en parler, mais comment ? En parlant de soi, de ses émotions, de ses sentiments : « J'ai été malheureux quand... je me suis senti mal à ce moment-là... » S'exposer est plus difficile à pratiquer que de faire des reproches, car cela nous met dans une position de vulnérabilité. Tant pis ! Une belle relation

---

1. Piero Ferrucci *L'Art de la gentillesse*, Laffont, collection « Réponses », 2007.

mérite que nous prenions des risques et que nous fassions preuve d'humilité, parfois. Elle mérite aussi que nous tentions de parler au plus juste de nous-mêmes, c'est-à-dire en cherchant à nous comprendre, afin d'être mieux compris : « Je souffre tellement quand tu regardes une autre femme ; ce n'est pas de la jalousie non, plutôt un sentiment d'abandon. » Plus nous ouvrons notre cœur, plus l'autre peut comprendre et – comme il nous aime – s'amender et cesser de nous chagriner.

• Entendre les reproches

Il faudra à son tour entendre « les petites phrases » qui nous disent ce qui ne va pas : «Tu es vraiment chiante en ce moment » peut signifier : « Maman, je ne te vois pas assez. » Lorsque votre mère vous dit : « Je me sens un peu isolée dans cet endroit », inutile d'essayer de lui prouver qu'elle ne ressent pas... ce qu'elle ressent : « Mais non, elle est très bien cette maison de retraite ! »

Nos enfants ont aussi leur mot à dire, ne perdons pas de vue qu'ils sont les précieux auxiliaires de leur éducation. Ils nous aident à nous réajuster, à les voir grandir : «Toutes mes copines ont le droit de sortir... » Parfois, c'est vrai nous avons un train de retard ! Savoir écouter, redresser la barre si nécessaire est aussi une preuve d'amour. Cette souplesse est louable et pas si courante. Nos enfants nous en seront reconnaissants et notre moral n'en sera que meilleur : oui, oui, nous sommes de bons parents !

• Bien cerner ses responsabilités

Certaines personnes se sentent systématiquement responsables de tout ce qui ne va pas. Leur enfant est malade? leur mari découche? leur aînée divorce? Tout est leur faute. En pensant qu'elles y sont pour quelque chose, elles s'attribuent un pouvoir quasi divin ou plutôt diabolique car, lorsque tout va bien, elles n'y sont pour rien! Mettons un peu de raison dans cette propension à l'autoflagellation et contentons-nous de cerner les responsabilités qui nous reviennent. Quelles sont-elles? Il est de notre devoir de veiller à la santé, à la bonne scolarité et, de manière générale, au bien-être de nos enfants. De notre devoir de poser des limites (on ne mange pas avec les doigts, on dit « bonjour » et « merci », on fait ses devoirs, on respecte la loi et les règles de vie en société, on cherche du travail, on se lève le matin, etc.). Cela étant clairement posé, nos enfants sont responsables, quant à eux, de leurs actes, de leurs mauvaises notes, de leur impolitesse et des punitions qui sanctionnent leurs transgressions. Que nous ayons une conscience très précise de nos devoirs et de nos responsabilités permet aux enfants d'assumer les leurs. À 5 ans, Augustin est responsable de son doudou. S'il l'égare, tant pis pour lui! Quelle chance pour ses parents de ne plus avoir à veiller à tout, mais quelle chance aussi pour ce petit garçon de se sentir si grand en prenant soin de son « Nono »!

• Calmer le jeu

Pourquoi ceux que nous aimons auraient-ils le même avis, la même manière de réagir que nous face à la crise, aux difficultés? Nous nous énervons, nous

nous fâchons alors que nous pourrions plutôt penser que nos différences sont complémentaires, qu'elles apportent des « plus ». Un exemple : une femme tombe malade. Sa sœur aînée ne prend pas la nouvelle au tragique, elle cherche à la faire rire et elle relativise. La sœur cadette a la réaction inverse : elle pleure, elle s'inquiète, exprime ses angoisses. La première s'insurge : « Arrête d'en rajouter, ce n'est pas comme ça que tu vas l'aider ! » La seconde rétorque : « Tu ne ressens rien. Au fond, tu t'en fous. Tu as toujours été froide. » Et si elles se voyaient plutôt comme des alliées complémentaires ? L'aînée va aider la malade à « tenir le coup ». La cadette va exprimer sa compassion à travers ses larmes. Les deux méthodes se valent car elles partent du même bon sentiment : montrer à la malade à quel point elle est aimée.

Quand nous voyons que les avis, les comportements divergent, n'en faisons pas des conflits mais une source d'ouverture, d'enrichissement ou alors n'en parlons plus. César en a fait un principe : « Je ne discute que pour des choses importantes : l'éducation des enfants, une dépense, l'achat ou la vente de la maison. Pour tout le reste, je laisse tomber. Je ne cherche pas à avoir raison. Ma femme a son point de vue, moi le mien. À quoi bon se disputer pour des broutilles, avoir préparé un bon repas et, en trente secondes, le gâcher, saboter un bon moment, toute une journée, pour une discussion stérile ? »

• **Faire entrer de la joie**
Oui, même – et surtout – en période de crise, il est primordial de faire entrer de la joie dans la maison

et les relations, car il est un temps pour les explications et un temps pour profiter des bons moments ensemble : aller faire du shopping entre mère et fille, regarder en famille un DVD, etc. Les Français misent beaucoup sur la psychologie, la compréhension des « problèmes » pour résoudre les crises. Or dans la pratique, les couples ou les familles qui se réconcilient le mieux sont ceux qui renoncent à fouiller les manques pour faire le plein de rires, de jeux et de bons moments. Si vous voulez vous réconcilier en couple, privilégiez les souvenirs merveilleux, faites-les revivre au cours d'un dîner en tête à tête, rappelez-vous le contexte, les émois, les ébats et, plus tard, quand les beaux souvenirs seront bien ancrés dans vos mémoires, abordez ce point délicat qui vous turlupine. C'est ainsi que durent les couples amoureux. La joie, c'est encore de l'imprévu, de la fantaisie : préparer un dîner rouge, de la couleur de l'amour, ou acheter, comme Françoise, des pétales de roses et les lancer en l'air pour qu'ils retombent comme des pointes de gaieté sur un jour gris.

Le principe de l'élastique

S'aimer toujours n'est pas s'aimer tout le temps. Un couple ne s'aime pas vingt-quatre heures sur vingt-quatre, ni tout le temps avec la même intensité. Les plus grandes histoires d'amour connaissent des périodes de creux, de désamour, voire d'oubli pur et simple. Nous nous détournons l'un de l'autre. Nous sommes pris par le travail, la réalisation d'un projet, l'envie d'être seul, de voir autre chose... On s'éprend, on s'éloigne, chacun tirant de son côté et pour son propre compte, un bout de l'élastique qui symbolise l'amour. Mais soudain, on a peur de perdre l'autre et, vite, on se retrouve. Ce sont des déclarations, des petits cadeaux, des tête-à-tête amoureux. Et l'élastique reprend sa forme initiale. Comme au premier jour. C'est le principe de l'élastique : une alternance de fusion et de prises d'autonomie. Mais si on va trop loin dans la négligence, si on érode la confiance, si on oublie d'être présent à des moments cruciaux, alors l'élastique se distend tellement qu'un rapprochement n'est plus possible. Il est trop tard, on ne se retrouve plus « comme avant ». Sonia a bien compris que si elle ne suivait pas son homme dans sa recherche spirituelle, elle le perdrait. Elle l'a donc accompagné à ses stages de méditation, malgré ses réticences premières, et ne le regrette pas. Veillons à ces mouvements du cœur. Observons les signes de lassitude, de moindre affection. Soyons attentifs à nos propres envies d'aller voir ailleurs… Ce sont autant de signes indiquant qu'il est temps de se rejoindre.

Certaines relations ont des limites

Nous avons été très amoureux, très amis mais les sentiments se sont étiolés. Puis, sans que nous sachions pourquoi ni comment, les échanges se sont faits plus rares. Nous nous sommes lassés. Si la relation se maintient, elle ne vit plus que sur des souvenirs. Elle manque désormais d'entrain, de chaleur. Et cela nous rend tristes. Il faut s'y résoudre : nous avons vécu une période de grand amour, de grande amitié, mais ce n'était qu'un moment de relation forte. Il reste à se désengager avec sagesse, sans faire de drame, sans regret. En remerciant cette personne pour la belle tranche de vie offerte. Avoir partagé ces moments est une chance : il ne faut surtout pas les abîmer ni les dénigrer, sinon nous allons tout gâcher, nous faire du mal et avoir le moral à zéro. Sans compter que l'on pourra toujours revoir cette personne de temps en temps avec plaisir si rien n'a été irrémédiablement détruit.

• Limites dans les sentiments

Dans certaines relations, les sentiments ne sont pas de même nature. L'un aime d'amour et l'autre d'amitié. Ou bien l'un aime plus que l'autre. Ces déphasages créent les plus grandes souffrances. Deux solutions à cette crise : s'éloigner ou se raisonner. Puis, pour retrouver le moral, oublier ce qui a été pour se concentrer sur ce qui peut advenir. Quelle mutation pouvons-nous opérer pour souffrir le moins possible ? Passe-t-elle par un éloignement momentané ? Bien des ex finissent par trouver un *modus vivendi* et même par entretenir des relations très proches alors que tout désir, entre eux, a disparu. Nous avons du pouvoir sur la nature de nos sentiments. Nous pouvons apprendre à aimer autrement. Soyez-en certains, c'est un premier pas.

• Limites dans l'engagement

Autre crise dans le domaine affectif, la question de l'engagement. Nous voudrions (ou on nous demande) le mariage, la vie commune, un enfant. La bible conseille de « ne pas demander de figues à un pommier ». Certaines personnes redoutent – pour des raisons qui leur sont personnelles, dissociées parfois de la force de leurs sentiments – de pousser la relation plus loin. Ce n'est pas encore le moment. Ou bien elles ne sont pas sûres d'aimer « à ce point ». Ou elles ne veulent pas d'enfants. Ou la vie commune est impensable : elles se sentent solitaires dans l'âme. Faut-il chercher à forcer ce que l'on refuse de nous donner ? Il est peu probable qu'une vie heureuse puisse se construire sur ces bases. Il vaut mieux accepter la situation et patienter, laisser le temps à la relation d'évoluer. Si rien ne change, il sera temps d'aller voir ailleurs si les affinités sont meilleures.

• Limites dans le temps
Au début, nous étions tout feu tout flamme. Il était facile de créer une intimité. Nous nous trouvions mille points communs. Nous nous sommes tant aimés ! Tout était parfait : la sexualité, la complicité. Les modes de vie étaient compatibles. Puis, un jour, nous nous sommes rendu compte de tout ce qui nous séparait. Nos chemins ont évolué différemment. Ou bien nous avons été trahis, blessés. Ou bien encore nous sommes-nous désunis pour des bêtises et l'un des deux est allé voir ailleurs. L'autre n'a jamais pardonné. Ainsi s'est terminée une belle histoire, qui aurait pu continuer.

Pour tenir bon

• Demander de l'aide
Comme nous sommes réticents à demander du soutien, du secours, un service ! Trop d'orgueil, de pudeur et d'inquiétude. Nous craignons de déranger,

d'essuyer un refus, une fin de non-recevoir. Ou encore de dévoiler nos fragilités. Quel dommage de se priver d'aides précieuses ! Laurent Gounelle raconte[1] l'histoire d'un homme qui cherche, sur les conseils d'un sage, à ce qu'on lui refuse quelque chose. Il découvre alors que, face à une requête claire, les gens font spontanément tout leur possible pour rendre service, aider, faire plaisir. Arrêtons d'anticiper leur réaction. Arrêtons de croire qu'ils nous rejetteront. Et d'ailleurs, le sage de cet excellent roman souligne qu'il faut absolument faire une distinction entre rejeter une personne et dire non à sa demande.

• **C'est comme ça !**
La façon la plus douce de réagir est le fatalisme. Soyons heureux d'avoir vécu tant de bons moments, d'avoir connu un amour, une amitié d'une telle qualité, même si l'histoire prend fin. Et tentons d'en tirer des enseignements pour l'avenir. Peut-être n'avons-nous pas écouté cette petite voix intérieure nous disant que cette histoire n'irait pas plus loin, qu'elle nous ferait souffrir. À moins que nous nous soyons laissé choisir sans interroger notre propre désir...

• **Ne pas trop chercher à comprendre**
Si nous avons été quittés, ne cherchons pas trop à comprendre pourquoi. Ne comparons pas l'avant et l'après de la rupture. Remonter le fil de l'histoire, remuer tout ce passé, se souvenir des moments d'exception ne peut que nous faire du mal. Il vaut

---

1. *L'homme qui voulait être heureux*, Pocket, collection « Best », 2010.

mieux couper net. Ceux qui changent de garde-robe, qui évitent les lieux cultes, les chansons emblématiques... ont raison.

• Ça va passer

« Jamais je n'arriverai à m'en remettre... Je n'aimerai plus jamais... Ma vie est finie... Je ne pourrai plus jamais faire confiance... » C'est ce que nous pensons après une rupture. Et il est vrai que nous allons passer par une sale période, mais nous allons nous reconstruire, et peut-être plus vite que prévu. Par ailleurs, il est vrai que nous n'aimerons jamais plus « comme ça » mais nous aimerons autrement. Ce sera une autre histoire, d'une autre qualité, apportant de nouvelles richesses. Quelques chiffres encourageants : les hommes mettraient en moyenne sept mois à retrouver une nouvelle compagne, les femmes, huit mois. Ce n'est pas très long, n'est-ce pas ?

Pardonner, mais par étapes

La rancœur est une source de stress et d'angoisse. Il est préférable de pardonner aussi vite que possible, mais cela se fait par étapes :
• **Reconnaître sa souffrance,** l'ignominie, la trahison, l'abandon, la « saloperie » qui nous a été faite. Impossible de faire l'économie de cette étape. Impossible de faire comme si rien ne s'était passé car nous en constatons les ravages sur notre moral et dans notre vie quotidienne : un lit vide, un compte en banque ruiné, par exemple. Paradoxalement, on ne peut pardonner qu'après avoir pris la mesure des offenses.

De même que, souvent, on ne surmonte que ce qui a été regardé en face...

• **Accepter sa légitime colère.** Oui, nous sommes dans une colère noire et nous aurions bien envie de nous venger – œil pour œil, dent pour dent, de rendre le mal que nous avons subi, de tout brûler autour d'eux pour les punir d'avoir réduit notre vie en cendres. Car la démarche du pardon est loin d'être simple. Elle suppose, au contraire, de la force, du courage et une volonté de fer.

• **Prendre de la hauteur.** Le mal causé est terrible. Et si nous nous plaçons de notre seul point de vue, il est impardonnable. Jill, par exemple, a eu un père difficile, méprisant, indifférent, qui ne lui a jamais témoigné aucun amour. La petite fille qui est en elle ne pourra jamais l'oublier. Cependant, si elle considère les choses avec un regard d'adulte, elle parvient à pardonner à cet enfant abandonné qui n'a jamais pu aimer personne, qui eu sa fille par accident, alors qu'il n'était pas fait pour avoir des enfants, et qui l'a reconnue quand même. Une autre manière de prendre de la hauteur est d'adopter un point de vue plus général. En effet, si nous restons le regard obstinément fixé sur l'événement qui nous concerne, nous n'arrivons pas à en sortir. En revanche, si nous le regardons à l'échelle de toute notre vie, une vie composée aussi de mille joies, l'événement malheureux perd de son importance. Il devient un point noir sur une peau saine. Un point sur lequel il semble moins essentiel de se focaliser. Plaçons-nous au-dessus du mal qui nous a été fait, comme on enjambe une flaque de boue.

• **Tourner la page, sans oublier.** Pas question de tendre l'autre joue, de se réconcilier, encore moins de se revoir « comme si de rien n'était ». Il s'agit seulement de ne pas entretenir sa colère, de garder en tête le tort causé pour s'en protéger à l'avenir, mais sans ruiner son existence présente au nom d'un passé mort. De tourner cette page volontairement, pour cesser d'être rongé par le ressentiment.

TROISIÈME PARTIE

FACE À LA VIE

CHAPITRE IX

TROUVER SA COHÉRENCE

Maîtrisons-nous les événements de notre vie ? Non, pas plus d'ailleurs les deuils, les maladies ou les accidents que les belles rencontres, la chance qui nous sourit, le fait d'être né dans un pays nanti et de parents aimants... ou pas. En revanche, nous pouvons nous gouverner nous-mêmes. Nous rassembler et nous solidifier autour de valeurs, d'une cohérence de comportement, en cernant nos responsabilités et en les assumant. Posséder cette fermeté de caractère nous donne le moral car, alors, nous savons pouvoir compter sur nous-mêmes. Quoi qu'il arrive, nous nous sentons capables de rester dignes et courageux. Forts de cette conviction, nous n'aurons que des problèmes concrets à résoudre : comment trouver du travail, boucler nos fins de mois, nous reconvertir ? De même, la maladie nous apparaîtra comme un combat à mener, ni plus ni moins. Cette solidité permet de traverser les épreuves sans être effondré. Bien sûr, nous aurons peur, nous serons tristes, en colère, mais nous saurons avec précision quel est notre rôle, quelle est notre place et comment bien nous conduire au cœur de ces difficultés. Pouvoir se raccrocher à soi-même donne une force considérable.

Piloter ses pensées

Sylvie, 17 ans, peut en une seule journée penser qu'elle est « une fille très chouette, une teigne, un génie, une vraie conne, une bosseuse, une molle, une fille canon ou moche comme un pou ». « Et mes cheveux ? Parfois, j'adore ma "crinière". D'autres jours, je pense qu'elle fait "casque". C'est gavant à la longue de ne jamais savoir où j'en suis », conclut-elle.

Commençons par bien prendre conscience que nous pouvons gouverner nos pensées. 80 000 pensées nous traversent en moyenne l'esprit chaque jour. Dans ce magma, il en est de toutes les sortes et de toutes les couleurs. Si nous les laissons faire, elles nous brinquebalent des rêves les plus fous aux idées les plus noires. Sachons que nous pouvons faire taire celles dont nous ne voulons pas, et faire grandir les plus belles.

C'est l'une des grandes forces de Zinédine, 23 ans. Il a décidé de se mettre aux commandes de ce qui lui passe par la tête, en étant le plus conscient, le plus lucide et le plus cohérent possible. C'est en effet ce qui frappe chez les « heureux » : une cohérence, une constance dans les objectifs, les valeurs, l'art de savoir ce qu'ils veulent sans y revenir sans cesse et une hygiène de vie psychologique solide. Zinédine l'a décidé : « Je ne veux pas laisser me laisser dominer par mes pensées. Je maîtrise et c'est pour ça que je suis heureux ! »

De même pour Sophie, 40 ans, célibataire. Elle a connu une enfance difficile mais son slogan est : « Si je commence à me dire... » « Si je commence à penser, comme ma meilleure amie, que "la vie, c'est de la merde", si je commence à me dire que j'ai eu une enfance affreuse, je vais finir par croire que je suis prédestinée au malheur, que tout sera une catastrophe toute ma vie. Si on voit la bouteille à moitié vide, on finit par la voir de plus en plus vide, jusqu'au jour où il n'est même plus la peine d'en goûter la lie. De même pour la vie. Je pourrais me dire que je suis toujours célibataire, sans enfants, que je n'ai pas le salaire que je voudrais, que j'ai vingt-huit mille kilos de trop et que maman, qui est très malade, va bientôt mourir. Mais j'ai décidé d'être heureuse. Dès que je le peux, je me réjouis et me surréjouis d'avoir une santé de fer, un travail qui m'intéresse, de rentrer chez moi ce soir pour voir un bon film ou lire un bon livre et de me dire que tout ce bonheur, je l'ai gagné ! Car c'est à moi que je le dois. »

Oui, tout le monde « se fait des films ». Le savoir est apaisant car nous sommes maîtres du scénario. Du coup, les doutes, les crises, les remises en question peuvent nous apparaître comme une réalité « du moment » fabriquée par notre vision des choses qui est changeante, volatile. Ceux qui gardent le moral contiennent ces « états d'âme ». Ils les empêchent d'osciller dans les extrêmes : j'adore un jour, je déteste le lendemain. Ils évitent aussi de cultiver les mauvais souvenirs qui les empêcheraient d'avancer. Ils ne pensent pas non plus que leurs problèmes viennent de l'extérieur (une enfance difficile, un conjoint atroce, un employeur qui les exploite, l'État qui ne joue pas son rôle, etc.) car ils ne veulent pas se priver des solutions qu'ils pourraient inventer. Ils comptent sur eux-mêmes avant tout. Ils ne demandent pas aux autres de changer. Ils font avec leur vie telle qu'elle est, sans renoncer pour autant à tenter de l'améliorer.

Agir selon ses valeurs

Avoir une idée précise de la bonne façon de se comporter dans l'existence est un autre précieux facteur de cohérence. « J'ai horreur de ne pas me comporter comme je trouve qu'il est bien de le faire. Si je me mets en colère, je le regrette. Si je suis paresseux, je le regrette. J'essaie toujours de me mettre en position de ne pas m'en vouloir. Et quand je suis moins sympa que d'habitude, j'essaie de me corriger car, pour moi, manquer de respect aux gens, c'est mal ! », dit Hugues, un champion du bon moral, parce qu'il sait clairement « comment se conduire au travail, dans son couple, et qu'il s'y tient. Avec ses jeunes enfants, tout était facile. Il avait à être un père présent, attentif, « cadrant » et joueur. Maintenant qu'ils sont adultes et parents à leur tour, il sait beaucoup moins comment se situer. Et ce flou le rend plus vulnérable : il ne sait pas très bien s'il doit conseiller ses enfants, se taire, donner son avis... Plus il le précisera, plus il se sentira solide et plus son moral sera bon.
Marie a une mère qui a toujours été peu aimante et très difficile. Pourtant, chaque semaine, elle lui rend visite et essuie ses critiques. Pourquoi Marie n'en est-elle pas abattue ? Parce qu'elle a décidé de s'occuper de cette vieille dame acariâtre et qu'elle le fera jusqu'au bout. Parce qu'elle a décidé de ne jamais lui

ressembler, et qu'en la supportant, elle prouve sa différence et sa valeur humaine.

Qu'attendez-vous de vous ?

Agir contre ses valeurs entraîne culpabilité, mal-être et més-
estime de soi. Tromper notre conjoint nous apparaît comme
quelque chose de « sale, malhonnête, dégueulasse » si la
fidélité est une valeur pour nous, par exemple. En revanche,
le sentiment d'être « réglo » en toutes circonstances nous
rend forts. Comme il est structurant de « pouvoir se regarder dans la glace » sans avoir à rougir.
Comment déterminer quelles sont vos valeurs ? Une manière
de procéder consiste à dresser la liste des qualités que vous
respectez comme le courage, la gentillesse, le professionna-
lisme, l'honnêteté... À chacun ses critères ! Vous pouvez aussi
écrire tout ce qui vous paraît « mal » : trahir un ami, voler,
boire au volant, fumer, ne pas téléphoner à ses parents... Vous
saurez ainsi quels manquements vous donnent mauvaise
conscience et un moral en berne. La liste des choses à faire
que nous dressons chaque jour remplit la même fonction :
nous rendre contents « d'avoir rempli nos obligations ».
Trois remarques pour conclure :
• Plus nous sommes conscients de nos valeurs, plus il est
facile de les respecter.
• Les circonstances peuvent nous sortir de ces rails mais
l'important est d'y revenir. Ne cherchons pas être « parfaits ». Nos valeurs agissent comme un cadre qui nous struc-
ture, pas comme un carcan faisant de nous de perpétuels
insatisfaits.
• Nos valeurs évoluent au cours de la vie. À 20 ans, on est
entier : « Je ferai tout pour mes amis. » À 50 ans, on apporte
des nuances : « Je suis une bonne amie, si on l'est avec moi. »

Quand vous décevez-vous ? Quand vous reprochez-vous d'avoir mal fait ?

Bastien, 20 ans, s'en veut de s'éparpiller devant son ordinateur, au téléphone, d'avoir tant de mal à se mettre au travail. Deux solutions : soit il accepte son mode de fonctionnement une fois pour toutes, soit il met en place des techniques pour s'y tenir (faire un planning, travailler en bibliothèque sans ordinateur ou couper son mobile), soit il se fait aider par un copain plus organisé. Autre souci : il utilise beaucoup l'autoflagellation. « Tu es nul, paresseux, même pas capable de... », se répète-t-il constamment. Comme il dit : « Moins je m'estime, moins je m'estime... »

Il serait plus efficace de penser en termes de récompenses : « Quand tu auras fait ceci, tu seras content de toi, ton mémoire sera excellent, tu auras une bonne note... » Manions plutôt la carotte que le bâton, une méthode plus douce qui n'entraîne aucune guerre intérieure entre le principe de plaisir et le principe de réalité. À moins que le bâton ne soit plus motivant pour les « paresseux » que nous sommes tous plus ou moins. Il y a donc nos valeurs, et d'autre part la façon dont nous nous motivons pour les respecter. Quoi qu'il en soit, essayons de ne pas nous trahir, mettons au point des techniques qui nous conviennent mieux, révisons des exigences trop haut placées et cultivons nos valeurs fortes. Notre moral sera bon car nous vivrons en accord avec nous-mêmes.

Choisir, décider, s'affirmer

• Penser par soi-même

Notre moral est bas quand nous subissons les choses, quand nous nous laissons porter par les circonstances, les habitudes, les convenances, les *desiderata* des uns ou des autres. Dès que nous nous sentons acteurs, notre vitalité revient. Ceux qui n'ont pas encore eu la possibilité de décider par et pour eux-mêmes ont le moral au plus bas. Des enfants se retrouvent ainsi dans des filières qui ne correspondent pas à leurs aspirations. C'est aussi – à un autre niveau – le cas des trop bons élèves. Emma est une enfant belle et douée, fille unique de parents ambitieux. Sans l'avoir vraiment choisi, elle intègre un excellent lycée, se retrouve dans les classes d'élites et décroche un poste prestigieux... qui ne l'intéresse pas du tout. Elle a été parfaite. Ses parents sont contents, elle gagne bien sa vie, a épousé un bon parti et mis au monde trois enfants magnifiques. Elle est donc belle, riche et intelligente... mais elle est dépressive, agitée. Elle déteste son métier d'ingénieur. Un jour, elle voudrait devenir mère Teresa, un autre jour globe-trotter, le lendemain, elle veut ouvrir une galerie d'art. Elle est complètement perdue et pourquoi ? Parce qu'elle n'a jamais appris à interroger ses désirs. Elle n'a pas appris à penser par elle-même, à écouter cette pulsion de vie qui nous mène à la joie d'être et de faire ce qui nous ressemble.

Un autre exemple connu est celui du champion André Agassi, génialement doué, poussé par son père et par ses entraîneurs alors qu'il détestait le tennis. Il aurait rêvé d'une vie normale, à la campagne[1]. Leur situation évoque la fameuse chanson du businessman dans *Starmania* : « J'aurais voulu être un artiste... »

La grande éducatrice Maria Montessori conseillait aux parents de demander souvent à leurs enfants s'ils préféraient le rouge ou le rose, le pain aux raisins ou le pain au chocolat. Ne croyez pas que cela les rende capricieux, bien au contraire ! Les enfants qui exigent et tapent du pied ne choisissent pas, ils protestent. Et souvent, ils veulent pour... vouloir. Ce jeu du « préfères-tu... ? » permet de découvrir que nous avons tous un avis sur les choses, qu'il faut apprendre à le formuler. Il permet aussi de mieux regarder, de mieux écouter et d'apprécier la saveur des choses, de savoir être à l'écoute de ses goûts et de ses désirs.

• « La joie de vivre vient du sentiment de s'appartenir[2] » (Carl Gustav Jung)

Au Canada, « l'éducation au choix » fait partie de l'enseignement. Elle consiste à concilier les rêves professionnels des élèves, leurs résultats scolaires et le marché de l'emploi. Par exemple, si un enfant souhaite devenir médecin sans en avoir le niveau scolaire, il travaillera dans le secteur de la santé (puisque c'est son choix), dans une fonction utile mais moins exigeante en performances intellectuelles. Il en sera

---

1. Raconté dans sa biographie, *Open*, J'ai lu, 2011.
2. Carl Gustav Jung, *Ma vie : souvenirs, rêves et pensées*, Gallimard, collection « Folio », 1991.

heureux parce qu'il aura le sentiment d'avoir choisi sa voie mais aussi parce qu'au Canada l'on montre aux élèves qu'il « n'est point de sot métier », comme dit le proverbe. On leur prouve qu'il faut des comptables, des juristes, des soignants et beaucoup de personnel d'entretien sinon nos villes seraient de véritables poubelles. Les enfants qui bénéficient de cette éducation au choix sont heureux de décider de leur avenir et d'occuper une place, valorisée et valorisante, dans la société.

Choisir sa vie suppose de se connaître suffisamment pour savoir ce qui est bon pour soi sans subir les influences des parents, des conjoints, des amis ou celles d'un milieu social bien précis. Selon le directeur des ressources humaines d'une grande banque française, 40 % des salariés ne seraient pas au poste qui leur convient. Sans doute est-ce en partie dû à une mauvaise orientation scolaire et au manque de discernement des employeurs, mais aussi à nous, qui nous laissons porter par le courant. Qu'aimons-nous ? Que voulons-nous vraiment ? Dans quel poste nous sentirions-nous à notre place ? Autant de questions qu'il faudrait se poser. On voit des « orateurs » prononcer des discours pitoyables, des enseignants soporifiques, des « managers » n'avoir aucune autorité, des médecins être dégoûtés par le contact physique : comment ont-ils pu embrasser des carrières qui leur convenaient si peu ? Et si la crise offrait l'opportunité de repenser sa place et sa vie professionnelle ? Les plus optimistes se reconvertissent, rebondissent, changent de vie.

• Choisir, dans les moindres détails

En période de crise, nous subissons beaucoup de choses : la hausse des prix, les programmes de licenciement, les informations catastrophistes, l'ambiance morose... Encore plus que d'habitude, choisir est un remède, une manière de se sentir exister, de s'affirmer avec joie. Aussitôt, la vie devient plus belle, plus gaie, plus intéressante. Choisir chaque matin une tenue qui nous ressemble, jouer avec les matières, les couleurs et les accessoires ou enfiler un vieux pull doux est une manière de bien commencer la journée. Ensuite, demandons-nous – au lieu du café bu à la va-vite – de quel petit-déjeuner nous avons envie : salé, sucré, lacté, fruité ? Choisissons aussi quelles émissions, quels films regarder à la télévision. Et notons ces rendez-vous sur un agenda pour en anticiper le plaisir. Le but est de ne pas laisser s'installer des habitudes non choisies, des automatismes sans conscience. Les décisions mineures – et gratuites – peuvent nous procurer des plaisirs inattendus. Lucille se rappelle avec bonheur le jour où elle a renoncé au Mir qu'employait sa mère pour choisir SON produit à vaisselle : « Quelle victoire ! Quel acte d'émancipation formidable ! » s'amuse-t-elle. Comme quoi, il faut parfois peu de choses pour se sentir joyeux.

Pénélope estime qu'elle est devenue adulte à partir de 50 ans. Avant, elle suivait son mari : « Je n'avais pas assez de caractère pour m'affirmer, ni assez d'imagination pour choisir. » Elle a divorcé et pris goût à cette autonomie qui lui permettait, enfin, de vivre à sa manière. Depuis, elle décide avec soin du papier sur lequel elle écrit et du feutre qu'elle utilise. Elle se réjouit de choisir un collier, de dresser une jolie table, de ranger ses provisions dans le placard comme elle le souhaite. Avant, lorsqu'elle était mariée avec quatre enfants à élever, elle vivait pour les autres et, si elle choisissait, elle ne le faisait pas consciemment. Nous avons besoin que nos choix soient nommés – comme nos plaisirs d'ailleurs – pour qu'ils deviennent de véritables joies.

Agir par soi-même, ne pas craindre de décevoir les attentes de son entourage, être plus sûr de soi sont, en général, les bénéfices de l'âge. Plus on avance, plus on choisit au lieu de laisser choisir pour soi. Plus on devient libre de penser et d'agir à sa façon.

Trouver sa place

On a le moral quand on se sent à sa place, dans son élément, à faire un travail qui nous plaît, en compagnie de gens qui nous conviennent ou en pratiquant des activités qui nous épanouissent. L'essentiel est de trouver le style de vie qui nous correspond. Pour l'imposer, il faut parfois batailler avec notre entourage qui nous verrait dans un travail plus ambitieux, avec un mari ou une femme présentant mieux, ayant des activités plus passionnantes que de faire un puzzle ou construire une tour Eiffel en allumettes, à la manière de François Pignon, le héros du *Dîner de cons* de Francis Weber. La reconnaissance des autres est importante, certes, mais moins réjouissante que le bonheur d'être soi. L'humilité développe notre potentiel. Elle nous libère du souci de l'image que nous donnons. Moi, la timide, j'ai pu donner des conférences le jour où j'ai su que je ne cernerais jamais un sujet aussi vaste que les relations humaines. Je devais me contenter d'apporter un point de vue personnel, nourri de mon expérience, de mes lectures, de mes rencontres... Dans cet état d'esprit, je peux m'exprimer en toute liberté, en essayant de donner le maximum mais en sachant quelles sont mes limites. Oui, trouver sa place, c'est bien cela : se sentir dans son élément, proposer un partage, comprendre qu'on le refuse, se réjouir qu'on l'accepte et poursuivre sa route...

• Réussir sa vie ou réussir dans la vie ?

Réussir dans la vie
Réussir dans la vie consiste à coller au modèle proposé par notre société, à savoir gagner un maximum d'argent. (Souvenez-vous du publicitaire Jacques Séguéla déclarant, sans rire, que si on ne possède pas de montre Rolex à 50 ans, on a raté sa vie !)

Réussir sa vie
Réussir sa vie ne répond à aucun modèle préétabli, puisqu'il s'agit avant tout d'ÊTRE bien en soi. Parfois, il faut du temps pour se trouver et aménager sa vie de la manière la plus heureuse possible. On tâtonne, on se cherche, les erreurs d'aiguillage favorisent ensuite les repositionnements et un jour, on pense que, oui, là est notre voie. Certains se sentent à l'aise dans l'aventure et l'instabilité. Ils doivent bouger pour être heureux. D'autres adorent brasser des affaires, jongler avec les idées, les entreprises. D'autres ont

envie de soigner ou d'enseigner. D'autres encore se sentent bien en proposant leur vision du monde par la peinture, la sculpture, l'écriture. À moins qu'ils ne l'enchantent par la musique. Chacun est nécessaire à l'ensemble. Nous avons besoin des jeunes qui assurent l'avenir et des anciens qui montrent la voie (« vieillir n'est pas si grave »). Nous avons besoin des complémentarités de caractères : des fonceurs et des réfléchis, des intuitifs, des pragmatiques, des rêveurs, des expérimentaux et des méthodiques, des manuels, des intellectuels, des commerçants... et même de quelques voyous pour apprécier l'honnêteté, de quelques méchants pour apprécier la gentillesse. Trouver sa place est une façon de répondre à cette question : quelle pierre puis-je apporter à ce grand édifice ?

• « J'ai essayé le bonheur des autres et cela ne m'a pas rendu heureux[1] »

Dans le joli film d'Éric-Emmanuel Schmitt, *Odette Toulemonde*, Albert Dupontel interprète un écrivain de renom, qui rêve de devenir prix Nobel de Littérature. Éreinté par la critique qui l'accuse d'écrire pour « les coiffeuses, les incultes », il apprend que, grâce à ses « petits livres », des personnes modestes, ne lisant jamais, rêvent, apprécient leur vie, y trouvent du bonheur. Une réussite qui vaut bien un Nobel. Non pas que nous n'ayons pas besoin d'excellence litté-

---

1. Réplique d'Albert Dupontel dans *Odette Toulemonde*, un film d'Éric-Emmanuel Schmitt (2007).

raire, mais à chacun sa place, sa vie, sa manière, son registre.

Devenir soi-même

Étrange formule que celle-ci ! Comme si nous n'étions pas déjà nous-mêmes ! Et comment pourrions-nous devenir quelqu'un d'autre ? En fait, il s'agit de réalisation de soi, c'est-à-dire de trouver à nous épanouir dans nos activités, avec notre entourage, dans un lieu qui nous plaît. Y parvenir est le travail de toute une vie, parce qu'il faut commencer par se débarrasser des influences qui ont éventuellement brouillé les pistes, puis trouver « la bonne personne » dans un mode de vie qui nous convient à tous les deux. Mais c'est un travail continu, car nous changeons, nous évoluons et des événements extérieurs peuvent venir bousculer ce que nous avons construit. Il faut alors trouver d'autres équilibres.

Que voulez-vous vraiment ?

Tant de choix sont possibles, on nous propose tant de modèles de vie que nous ne savons pas toujours très bien ce que nous voulons. On croit vouloir certaines choses : vivre à la campagne, par exemple. Mais essayons de nous imaginer à la ferme, avec une parka, des bottes..., si nous n'avons pas d'images de nous dans cette situation, si aucune vitalité, aucune créativité n'en ressort, c'est que nous faisons, sans doute, fausse route. Et un bébé, que ferions-nous d'un bébé ? Quel dommage que Mathilde n'ait pas fait cet effort de visualisation avant d'avoir un enfant :

elle aurait compris que rester à la maison, s'occuper de quelqu'un, être responsable sérieusement d'un petit et veiller sur lui n'était pas fait pour elle. Son monde est celui des voyages et de la nuit. Elle aime la fête et l'amour. Rien à voir avec la maternité. De même, Arthur raconte qu'il voulait gagner beaucoup d'argent, sans parvenir à imaginer ce qu'il en ferait. « Au fond, je n'avais pas envie de ressembler à ma riche famille, si avare, si matérialiste. Mes ambitions étaient ailleurs. » Savoir où placer son énergie est très important. Quand vous êtes malmenés par des désirs contradictoires, faites jouer votre imagination. Elle ira vers ce que vous voulez vraiment, en amour par exemple. Nous croyons aimer une personne au point de vouloir vivre avec elle et quand nous nous représentons la vie commune, tout paraît moins simple, moins fluide : des problèmes de rythmes, de désirs apparaissent. Non, ce n'est pas encore la relation qu'il nous faut.

• S'appuyer sur ses zones de confiance

Notre cohérence et sans doute notre voie se trouvent aussi dans ces zones – il en existe toujours – où nous sommes sûrs de nous. Dans le film de Jean-Pierre Amoris *Les Émotifs anonymes* (2010), Benoît Poelvoorde et Isabelle Carré incarnent deux timides maladifs. Lui ne peut pas adresser la parole à une femme. Elle, s'évanouit lorsqu'elle se présente à un groupe de parole pour guérir son handicap. Néanmoins, elle sait qu'elle est la meilleure pour apprécier une ganache, associer des saveurs inédites et concevoir les meilleurs chocolats. Quelles sont vos zones d'assurance ? Faites la liste et vous verrez qu'il est quantité d'activités – même les plus humbles – dans lesquelles vous avez des compétences. Dès que votre confiance en vous vacille, revenez aux fondamentaux de votre savoir-faire pour reprendre de l'assurance, avant de repartir à l'assaut de domaines moins familiers où vous avez encore à faire vos preuves.

• Se fier à ses joies

Arthur ne répond à aucun des critères habituels de la réussite : il est pauvre, sans famille et sans statut social. Il habite un vieil hôtel délabré, bourré d'objets et de meubles chinés. C'est une sorte de caverne d'Ali Baba où il reçoit qui veut en échange de services – rien de très formel. Il revend, il troque, il se débrouille... Dès qu'il commence à se faire du souci, il revient à l'essentiel, à savoir le présent, son bien-être, ses chances : un extraordinaire amour de la vie, une curiosité insatiable, des plaisirs qu'il savoure, comme s'occuper de sa maison et de son jardin, lire, jouer aux cartes, faire la cuisine pour ceux qu'il aime. Pourquoi se sent-il si bien ? Mais parce qu'il a choisi cette vie marginale, « hors des clous », qui lui correspond parfaitement. Les gens heureux ne possèdent pas forcément plus que les autres, mais ils donnent une valeur à ce qu'ils sont. Ils savent « ce qui est bon pour eux » et n'hésitent pas à sortir des sentiers battus pour inventer leur vie.

Au fond, seule la joie, dans toutes les acceptions du terme (désir, plaisir, satisfaction, curiosité, envie de progresser, bien-être...), indique que nous sommes sur la voie de notre « Moi » unique. N'est-ce pas le rôle des parents que de détecter ces « envies » chez leur enfant ? Ces domaines, ces activités qui leur plaisent (à distinguer des chemins de fuite car il est une différence entre s'abrutir de télévision ou de jeux vidéo et s'intéresser au métier d'animateur ou avoir envie de créer des programmes de jeux) ?

« Nous sommes de l'étoffe dont nos rêves sont faits[1]. »

Devenir une personne « autotélique »

C'est un psychologue hongrois au nom imprononçable, Mihaly Csikszentmihalyi[2], qui a inventé le terme « autotélique » du grec *autos* (soi-même) et *telos* (but). Une activité autotélique est pratiquée pour la seule joie qu'elle procure : ainsi, jouer aux échecs par amour pour ce jeu. En revanche, jouer aux échecs en poursuivant d'autres fins (gagner une compétition ou gagner de l'argent) devient une activité « exotélique ». L'idéal serait que toutes nos activités soient des plaisirs gratuits (le salaire comptant moins que le plaisir de travailler). Les personnes autotéliques sont ce qu'elles font et elles tirent de leur vie de très grandes satisfactions. Aussi ont-elles besoin de peu de distractions, de confort, de richesses ou de célébrité car elles éprouvent ce « flux », ce bonheur, dans leur travail, dans leurs relations avec les autres, dans la solitude et dans des activités aussi quotidiennes que manger, faire le ménage ou prendre une douche. Elles se suffisent à elles-mêmes et ne recherchent pas la reconnaisance extérieure. Les personnalités exotéliques, au contraire, ont besoin de récompenses extérieures. Elles évoluent dans des vies moins satisfaisantes mais plus prestigieuses.

---

1. William Shakespeare, *La Tempête*, Le Livre de Poche n° 31267.
2. Auteur de *Vivre : la psychologie du bonheur*, Pocket, collection « Évolution », 2006.

Les seules questions qui vaillent sont : « Suis-je bien dans ce mode de vie ? Suis-je confortable avec moi-même ? » La réponse ne peut venir que de soi. Les « autotéliques » ne se mettent pas de barrières (du genre : « Je vais décevoir mes parents, mon conjoint ne sera pas d'accord, les enfants risquent de se sentir abandonnés, je n'ai pas le temps, je serai trop acca-paré, etc. ») pour créer une vie à leur goût. Ils sont optimistes, ils savent saisir les opportunités ; ils ne laissent pas passer ni leur chance ni les mains qui se tendent. Ils savent encore transformer ce qui peut passer pour un échec ou une crise – comme un licen-ciement par exemple – en une occasion de rebondir. Ces personnes prennent donc le risque de se trom-per mais voient l'erreur comme un apprentissage, un guide vers une meilleure orientation.

• Protéger ses rêves

Définir clairement ses attentes donne de la force, de la solidité, une cohérence, donc un bon moral. Vou-loir tantôt ceci tantôt cela nous ballotte d'un rêve à l'autre et nous empêche d'avancer. Savoir exacte-ment ce que nous voulons nous donne de l'énergie et la force de conviction des conquérants. Zinédine, 23 ans, a un rêve très précis : quitter l'électronique et créer son activité sur Internet. Il est patient, avance peu à peu, et vient même d'écrire son premier ebook. Il commence à développer son auto-entreprise. Il prend des conseils partout. Son objectif : passer de 80 % d'obligations et 20 % de rêve à la propor-tion inverse. Il a un autre rêve, beaucoup plus fou, et encore plus beau selon lui : faire que les sept milliards d'êtres humains se donnent un jour la main, au même moment. Et constater que, chaque jour, un peu plus de gens sont au courant de cette utopie, via les réseaux sociaux, le réjouit : « Si nous sommes un million, ce sera déjà pas mal ! » Faire le bonheur des siens, faire le bien, apporter du beau, améliorer l'environnement, créer du lien entre les uns et les autres, lutter contre l'injustice, bien faire ce que l'on doit faire, etc. Cet idéal correspond à la personne que nous voulons devenir, à la place que nous avons envie d'occuper. Parfois, cet idéal est perdu, enfoui quelque part. Renouer avec lui sera un levier de bonheur formidable. Une manière efficace et joyeuse de mettre du carburant dans notre moral. Quand nous ne savons pas très bien quels sont nos rêves, formulons la question autrement : qu'attendons-nous de nos amours, de notre travail ? Les réponses varient : certains veulent gagner beaucoup d'argent, d'autres privilégient l'intérêt du travail, d'autres encore la bonne ambiance entre collègues. La plupart veulent les trois à la fois, mais est-ce possible ? De même, en amour, que cherchons-nous ? Julien, 23 ans, le sait précisément : « Pour moi, l'amour consiste à construire une famille, un cadre de paix et de sérénité, un lieu rempli d'amour et de prospérité. À quoi sert dans ces conditions d'avoir dix femmes par mois ? Il suffit d'attendre la bonne, sans s'éparpiller. »

• **Rêver à deux**
Aujourd'hui, la vie à deux doit permettre de se réaliser, pas tout de suite peut-être, mais au moins

d'être soutenu dans ses projets. Il peut s'agir d'un rêve concret, comme de s'installer dans un endroit particulier ou de faire un voyage, ou encore d'être au meilleur de soi dans la relation. D'être cette personne intelligente, généreuse, rieuse, sexy ou artiste que nous aimons en nous. Le sociologue italien Francesco Alberoni affirme que nous tombons amoureux quand « nous avons envie de devenir quelqu'un d'autre dans une autre vie ». Un nouvel amour est une rencontre et une opportunité de « devenir vraiment soi-même ». « Enfin, elle m'écoute, enfin il me soutient » sont les principales justifications de ceux qui s'en vont pour quelqu'un d'autre. Protéger son rêve, protéger celui de ses proches est un facteur de joie et de stabilité. Dans *Les Noces rebelles* (2008), le beau film de Sam Mendes, un couple d'Américains moyens, joué par Leonardo di Caprio et Kate Winslet, rêve d'une vie moins banale, moins médiocre. Vivre à Paris est leur rêve, et penser qu'ils l'atteindront un jour leur permet d'être heureux. Seulement, il la lâche en cours de route. Une promotion, le manque de courage pour affronter l'aventure : il renonce. L'histoire finira mal.

D'autres n'ont pas de grands rêves mais des petits, comme Julia : elle souhaite aller avec son mari au mont Rushmore, sculpté à l'effigie des présidents américains, ou passer trois jours à Venise en amoureux. Ces rêves nous propulsent vers un avenir heureux.

CHAPITRE X

FACE AUX COUPS DURS

On vous met à la porte après des années de bons et loyaux services ? On vous annonce un cancer ou l'arrivée des huissiers par lettre recommandée ? Votre maison a été détruite avec tous vos souvenirs ? N'espérez pas garder le moral et trouver que la vie est « super belle, à part ça ». C'est un choc, c'est un drame, c'est une catastrophe personnelle. « Il y a pire », vous dira-t-on, en voulant vous consoler. Mais non, il n'y a pas pire pour le moment. Et, d'ailleurs, on ne peut pas décréter des niveaux dans le malheur comme on établit une échelle de valeurs. Car un drame ne s'évalue pas à la gravité de ce qui l'a causé mais à l'émotion qu'il déclenche. Pour une vieille dame, la mort de son petit chien est un véritable tsunami, et c'est avoir l'intelligence du cœur que de le comprendre...

Accepter les hauts et les bas

Donc, ça va mal ! Et notre moral va connaître des hauts et des bas. Des moments de choc, de tristesse, de colère, de peur, d'espoir, de paix comme si toutes les émotions se télescopaient, sans nous donner le choix. C'est une phase à accepter. Notre humeur n'est pas linéaire. Un jour, c'est supportable. Le lendemain, nous sommes au trente-sixième dessous. Mais n'imaginons pas que cela va durer. Et ne culpabilisons pas non plus de baisser parfois les bras. Combien de malades se sentent coupables d'être déprimés! Un comble... Être malade est déprimant : « Je ne devrais pas! » pleure Marie. Comme s'il était possible de trouver merveilleux d'avoir un cancer ou tout un côté paralysé par un AVC. Les injonctions de la pensée positive ajoutent de la culpabilité à un moral déjà mal en point. Stop! On fait comme on peut. Certains jours, il est facile de penser à autre chose, d'être très optimiste et même de se dire que cette maladie offre des opportunités : celle de réfléchir, de se rapprocher des siens, de faire un break, de montrer sa fermeté de caractère, etc. D'autres jours, on ne voit aucune utilité à tout cela. On déteste la maladie, l'hôpital, les autres malades autant que soi-même (lorsqu'on se voit perfusé, diminué). Comment continuer de vivre ainsi alors que, précisément, « ce n'est pas une vie »? Et pourtant, le lendemain, on coche sur son agenda ce jour béni, radieux, sans souffrance physique ni psychologique où l'on se sent apte à tout supporter. On a le sourire. Un sourire qui est revenu sans raison particulière, comme par enchantement. La seule pensée qui soutient et éclaire un peu l'horizon est de savoir qu'après la pluie vient le beau temps. C'est une sorte de mouvement de balancier naturel, alors pleurez, soyez très en colère, trouvez que ce qui vous arrive est injuste (en choisissant un moment adapté pour vous laisser aller) et lorsque vous serez arrivés au bout de vos larmes et de votre fureur, vous

vous sentirez nettoyé de toutes ces émotions fortes et vous pourrez mettre sur pied une stratégie pour aller mieux.

• **Le « oui, mais... » pour contrer les idées noires**
C'est une technique en clair-obscur. À chaque pensée négative liée à la « catastrophe », on ajoute un contrepoint positif avec une phrase commençant par « oui, mais... ». Exemples : « Je n'ai pas d'argent pour... *oui, mais* j'ai un toit et de quoi manger. » « Depuis que je suis malade, je sens que la mort est en moi... *oui, mais* la santé aussi puisque je suis toujours vivant. » « Je n'ai plus de travail... *oui, mais* j'ai une qualification et une expérience. » « Je viens de perdre mon père adoré... *oui, mais* nous nous sommes tant aimés, et pendant plus de cinquante ans. » Attention, cette technique n'est applicable que pour soi-même. « Positiver » pour le malheur des autres n'est d'aucune consolation. Cela passe même pour de l'insensibilité. De plus, ce clair dans l'obscur n'empêche pas la souffrance. Il s'agit seulement d'introduire des nuances pour ne pas flancher.

• **Ne pas minimiser, ne pas exagérer**
Il ne faut donc pas minimiser mais éviter de grossir le trait. Ne pas ajouter du malheur au malheur, comme nous avons tendance à le faire quand nous voyons tout en noir, en invoquant une « loi des séries » qui est surtout un effet de loupe. En cas de divorce, par exemple : « Mon mec m'a quittée, je m'entends mal avec mon chef, je vais perdre mon boulot, je ne pourrai plus payer le loyer, il faudra déménager, les

enfants devront quitter leur lycée et, à mon âge, plus personne ne voudra de moi ! » Stop ! Une chose à la fois, un jour après l'autre, à chaque jour suffit sa peine. La priorité, la seule pour le moment, est de trouver un bon avocat.

Pour remettre les difficultés à leur juste place, employons les mots justes. Nous n'avons pas « un problème d'argent » mais un problème pour payer le loyer. Nous n'avons pas un « problème de couple » mais un problème de désir dans le couple. Pas un « problème de travail » mais un problème de surcharge de travail ou de relations avec une collègue. Quand l'énoncé est précis, le problème est mieux circonscrit et la solution presque trouvée.

Être acteur de la situation

Nous l'avons vu : choisir, rester maître de ses décisions est une bonne manière de garder le moral même quand on subit la crise. Jeanne, 50 ans, divorcée, deux enfants étudiants, un petit salaire et aucune économie, peine à boucler ses fins de mois. Quand une urgence vient grever son budget (achat d'un ordinateur indispensable, machine à laver en panne, révision obligatoire de la voiture), c'est la panique. Certains jours, elle en pleurerait ! Puis elle réfléchit : « Plaie d'argent, comme disait sa grand-mère, n'est pas mortelle. » Ses enfants sont en bonne santé et elle aussi, ils ont un toit, de quoi manger : ouf ! L'essentiel fonctionne. Ceci pensé, elle n'est pas plus avancée, mais un peu plus apaisée. Elle peut envisager des solutions. Elle pourrait emprunter par-ci, retarder un paiement par-là, rogner sur le budget vacances, vendre un bijou sur eBay, proposer à une amie d'acheter ce petit meuble qu'elle aime bien, obtenir une avance de ses parents sur son cadeau de Noël, proposer à ses grands fils de participer aux achats qui les concernent (puisqu'ils gagnent de l'argent grâce à des petits boulots ; une option très éducative). Et faire un budget resserré à tête reposée.

En cas de maladie, plus on est partie prenante de son traitement, plus on se sent fort pour la combattre. Élodie a préparé une liste de questions : « Qu'est-ce que j'ai exactement ? Quels sont les traitements ? Quels en sont les effets ? Quelles sont mes chances de guérison ? Combien de temps durera l'opération ? Si tout se passe bien, quand pourrai-je reprendre une vie normale ? » Néanmoins, elle déconseille formellement Internet, « qui souvent dépeint le pire de la maladie et agite de l'anxiété ». À moins de s'en tenir aux associations de malades.

Contre l'anxiété : la technique des petits poids

Quand on traverse une crise, il importe de réduire au maximum toutes les sources de stress inutiles pour garder le moral. William ne peut pas grand-chose contre sa leucémie. En revanche, il refuse de voir son frère, qui lui casse les oreilles avec ses propres soucis. Il a écarté sa plus jeune fille, tellement émotive qu'elle pleure durant les visites, comme s'il était déjà mort ; ils se reverront hors de l'hôpital. Son appartement est mal isolé et, depuis des années, il a froid et il s'en veut de ne pas savoir bricoler. Cette année, pas de vacances mais des radiateurs neufs. De même, il ne supporte plus les placards qui ferment mal. Il a demandé à un copain d'en raboter les portes. Une sorte d'inconfort venait aussi de l'accumulation de bibelots, de vieilles casseroles et d'assiettes ébréchées. Sa femme et lui ont jeté quantité de choses. Tout ce qui causait une petite gêne anxieuse, un arrière-goût de culpabilité, a été résolu, nettoyé, rangé. Ces minuscules actions n'ont pas guéri William mais lui ont ôté des « petits poids ». D'une manière générale, dès que quelque chose commence à nous tourner dans la tête sous forme de « il faudrait, je devrais... », le mieux est de prendre les choses en main sans attendre.

• Se donner une ligne de conduite

Autre remontant indéniable : se donner une ligne de conduite, et la tenir. Dans *Le Scaphandre et le papillon*[1], Jean-Dominique Bauby raconte qu'il est atteint du Locked-in Syndrome (syndrome d'enfermement) à la suite d'un accident vasculaire cérébral. Dès qu'il réalise qu'il ne peut communiquer avec le monde extérieur qu'en clignant d'une paupière, il se jure de ne jamais se plaindre et de témoigner de ses joies (car il en éprouve encore), de ses tristesses, de ses colères – quand un infirmier, par exemple, l'empêche de regarder un match de football en éteignant son téléviseur. Etty Hillesum, dans son journal[2], se fait la même promesse. Dans le camp d'extermination nazi où elle est internée, elle décide que personne ne

---

1. Robert Laffont, 1997.
2. *Une vie bouleversée – Journal 1941-1943*, Seuil, 1995.

l'empêchera de résister « par l'amour et la joie ». Lors
des interminables séances d'appel, dans le froid et
l'angoisse, elle observe la beauté du ciel et le des-
sin des nuages. Elle aurait pu chanter comme Laurent
Pagny : « Ils n'auront pas ma liberté de penser ! »
Elle se donnait « le droit de souffrir mais pas celui
de succomber à la souffrance ». Rester digne, ouvert
aux autres, ne jamais se plaindre... autant de lignes
de conduite qui aident à surmonter les épreuves. Et
qui expliquent certaines déprimes de l'après-coup :
soudain, nous voici sans objectifs précis, privés de
défis.

• En parler, se serrer les coudes

Adeline, qui a connu le manque d'argent et la maladie, mise sur la dédramatisation et la débrouille. Elle
y ajoute un troisième remède : en parler autour de
soi « parce qu'on se sent moins seule. On s'aperçoit
alors que les amis, les voisins ont les mêmes problèmes. À plusieurs, on trouve plus d'idées, plus de
solutions. On se crée un réseau : "Mon ordinateur est
en panne ? Tiens, je vais demander au copain infor-
maticien de me dépanner et, en échange, je garde-
rai ses enfants un dimanche." » Évidemment, en
parler autour de soi permet aussi de constater les
défections. Mais Adeline comprend que des proches
désertent, comme les rats quittent le navire. « La
nouvelle de mon cancer a été si violente, pour moi !
Je conçois qu'elle le soit pour les autres aussi. Ma
meilleure amie a disparu. Je l'ai croisée un an plus
tard au marché. Elle s'est mise à pleurer : "Pardon,
je ne savais pas comment être là." Je ne lui en ai pas

voulu. Et moi qu'aurais-je fait à sa place ? Je n'en sais rien ! »

• **Sortir de sa bulle, rester généreux**

Adeline veille aussi à rester généreuse « même dans la dèche, surtout dans la dèche » précise-t-elle. C'est au moment où elle a été la plus misérable qu'elle a donné le plus : « Cela permet de sortir de son problème, de ne pas s'enfermer dans une image de fauchée, de ratée, de pauvre fille. » Elle donnait quelques centimes d'euros à plus indigent qu'elle. Elle faisait des petits présents : un joli galet ramassé sur la plage, une cocotte en papier, un billet de loterie, une médaille porte-bonheur à trois sous. Elle offrait des symboles en ajoutant un « plus » personnalisé. Elle calligraphiait les prénoms, dessinait des fleurs sur les scotchs des emballages, peignait des pois de toutes les couleurs sur l'essuie-tout utilisé comme papier cadeau. « Je changeais un truc minable en chose rigolote. » Elle transformait sa pauvreté en fantaisie et n'était pas mécontente de se découvrir autant d'imagination.

Elle donnait aussi de son temps à ses amis, ses enfants, faisait la conversation aux commerçants. Elle veillait à rester généreuse pour sortir de ses soucis, mais aussi pour accueillir en retour la gentillesse rendue : « Quand on donne, on reçoit en retour. Du coup, même si on est fauché, on se sent riche et chanceux sur le plan affectif ; les problèmes de factures sont moins lourds à porter. »

C'est aussi le moment de dire à nos proches combien ils comptent pour nous, combien nous les aimons.

C'est important de les remercier d'être là en leur disant que, pour eux, nous ferions la même chose. Élodie s'emploie à être un soutien pour les autres malades. Elle a chaque fois un petit mot gentil, compatissant : « Je leur dis ce que j'aimerais entendre. » Elle s'intéresse aussi aux infirmières pour sortir de sa bulle et s'ouvrir aux autres : « Et pour vous, comment ça se passe ? »

Vous êtes la même personne... qui a un souci

Le piège du coup dur ? S'identifier à son problème. Devenir à ses yeux – donc aux yeux des autres, car l'amalgame est vite fait – chômeur, cancéreux, femme plaquée... Veillons à ne pas nous réduire à ce qui nous arrive, à ne pas oublier la belle personne que nous continuons d'être, au-delà du malheur qui nous frappe. Nous ne sommes pas QUE demandeur d'emploi, QUE malade, QUE quittée. Comment faire pour conserver une bonne image de nous, bien plus vaste que cette crise passagère ? Recensons toutes nos qualités. Continuons à être une « personne », justement, continuons d'apporter à nos amis, à nos enfants, à notre entourage tout ce que nous avons l'habitude de leur offrir. Nous sommes aussi une femme intelligente et chaleureuse, un homme curieux de tout et serviable. Pour nous le rappeler, l'entourage est formidable. Ne les négligeons pas en nous renfermant dans une coquille de honte et de solitude. Ce sont eux qui nous diront tout le bien que nous faisons, malgré les ennuis du présent.

Rechercher la joie

Ceux qui supportent le mieux les coups durs n'ont aucun scrupule à continuer de cultiver la joie, sous toutes ses formes.

• S'entourer de gaieté

Élodie s'entoure de gaieté. Dans sa chambre d'hôpital, elle a collé (avec de la Patafix qui ne laisse pas de traces) des belles photos de paysages. Au pied de son lit, elle a posé un châle rouge, une couleur qui symbolise la vie par opposition au blanc de l'hôpital et elle souligne qu'elle évite le noir : « Ce n'est pas le moment. »

• Réapprendre à s'aimer

Difficile de ne pas voir le chômage comme une mise à l'écart, la maladie comme une dégradation. On se sent faible, fragile mais aussi moins attirant, moins beau, moins désirable. L'image de soi en prend un sacré coup. Hector réagit en étant plus actif dans son association de football. Élodie, elle, se fait « papouiller ». À l'hôpital, une esthéticienne lui fait des massages crâniens, des soins du visage, lui lave les cheveux, la maquille légèrement et lui vernit les ongles. Elle éprouve aussi une certaine douceur à s'automasser les mains, les doigts un à un, les pieds. À se faire du bien de toutes les façons possibles. Le goût de Camille, lui, est altéré par son traitement alors elle s'amuse à composer des repas rouges ou verts ou blancs (bleus, c'est plus difficile). Bref, elle compense, par un plaisir visuel, les saveurs momentanément perdues.

• Rire au moins une fois par jour

Ève qui est « en pleine panade financière » s'est donné pour discipline de rire au moins une fois par jour. Elle cherche sur Internet des blagues, des vidéos, une anecdote, une comédie qui vont la mettre en joie.

Une discipline que chacun peut adopter avant que n'arrivent les coups durs !

• Se visualiser riche et en bonne santé

Un autre conseil de Jeanne : remplacer le vide par le plein, le manque par l'avoir. Dès qu'elle se plaint : « Je n'ai même pas de voiture », hop ! Elle transforme l'idée : « Je me visualise au volant de ma petite bagnole décapotable, même si je suis serrée comme une sardine dans le métro. Je me projette dans un moment faste. D'une manière générale, j'évite les négations : ("je n'ai pas...") et les verbes conjugués au futur "j'aurai...". Je parle au présent : "J'ai ce que je veux, maintenant" et, comme je suis superstitieuse, je crois que penser l'aisance matérielle la fait venir. »

Même démarche chez William. Devant son lit de malade, il a fixé une photo de lui le montrant jeune, beau et en pleine santé. Cette image le rassure et lui donne du courage pour redevenir l'homme sportif qu'il était avant sa maladie.

Pratiquer l'optimisme « vigilant »

Philippe Gabilliet est professeur à l'ESCP[1] Europe. Spécialiste de l'optimisme et de la réussite, il dispense ses conseils sur YouTube. Des conseils qui connaissent un succès grandissant.

Optimisme ou pessimisme, il en est de deux sortes :

• de but : je vais réussir ou je vais rater ;
• de chemin : ça va être facile ou je vais souffrir !

Quelle est la configuration gagnante par temps de crise ? Pratiquer l'optimisme de but et de chemin (« Je vais réussir et ça va être facile »)? C'est de l'inconscience. Pratiquer le pessimisme de but et de chemin : « Je vais rater et ça va être dur ! » ? C'est une position négative qui mène à l'échec. En revanche, la « posture vigilante » prônée par Philippe Gabilliet allie l'optimisme de but (« je vais réussir ») au pessimisme de chemin (« ce ne sera pas facile : il y aura des obstacles »). À ce réalisme confiant, les « gagneurs » ajoutent une troisième dimension : le plan B, la position de repli si, par malheur, ils échouaient.

---

1. École supérieure de commerce de Paris.

CHAPITRE XI

TANT DE BONHEURS GRATUITS

Nous avons l'habitude de croire que le bonheur est matériel. Il est incontestable qu'il nous faut de l'argent pour vivre, et que l'aisance matérielle ôte bien des soucis. Nos conditions de vie sont plus agréables lorsque nous habitons à deux minutes à pied du bureau plutôt qu'à deux heures en train, par exemple. Ceci posé, avons-nous besoin de tant? La quantité est-elle nécessaire au bonheur? Les Japonais ont une pratique intéressante. Quand ils voient une fleur magnifique dans leur jardin, ils coupent toutes les autres pour mieux l'admirer et la mettre en valeur.

De même, les très jeunes enfants peuvent être déboussolés par le trop-plein. La scène se passe à Noël : Vincent a deux ans et toute la famille l'a gâté. Il ouvre le premier paquet et se réjouit de sa belle petite auto rouge qu'il fait rouler sur le crâne de son grand-père et... et c'est tout. Il refuse d'ouvrir les autres paquets. La société de consommation ne l'intéresse pas. Il refuse de gâcher son bonheur par l'abondance, de noyer sa joie dans le trop-plein. Il entend profiter « à fond » de sa belle petite auto et rester bien concentré sur sa nouvelle et merveilleuse découverte. Ce petit bonhomme a raison de ne pas vouloir, en surchargeant la barque, noyer le simple plaisir d'être sur l'eau.

Aimer sa vie

Il y a toujours mille raisons de se plaindre. Il suffit pour cela de dresser la liste de nos manques : nous n'avons jamais assez d'argent, jamais assez d'amour, de reconnaissance, de temps, d'amis chers... Les dopés du moral refusent de s'égarer dans les méandres de l'insatisfaction car ils savent que la litanie des plaintes est infinie. Quand on leur parle de problèmes de couples, ils répondent : « Tout le monde en a plus ou moins. » De problèmes de travail : « Personne ne s'éclate au boulot huit heures par jour. » Que l'on se sent vieillir : « Nous en sommes tous là. » Qu'on ne voit pas le temps passer : « Alors, là, oui, il faudrait faire quelque chose. » Autrement dit, ils ne rêvent pas d'un monde parfait. Ils se contentent de mesurer leur chance, d'apprécier – comme les Japonais leur fleur et Vincent son cadeau – ce qu'ils ont au lieu de désirer toujours plus, toujours mieux. Ce qui compte, c'est de « s'efforcer déjà de ne pas différer sa joie en désirant autre chose », comme l'explique Alexandre Jollien[1].

Ces gens qui ont le moral ne sont pas sans arrêt en train de penser à changer d'entreprise, de région, de conjoint, en croyant que l'herbe est plus verte ailleurs. Ils aiment leur femme ou leur mari, leurs enfants, leur logement, leur travail – non pas pour

---

1. *La Construction de soi*, Seuil, 2006.

leurs qualités extraordinaires mais parce qu'ils sont leur vie. Pour Hugues, c'est plus qu'un état d'esprit, c'est une valeur : « Il s'agit moins d'épouser la femme qu'on aime, que d'aimer la femme qu'on a », déclare-t-il, quitte à faire bondir les idéalistes. Il veut dire par là qu'une fois sa femme choisie, il convient de tout faire pour savoir reconnaître ses qualités, apprécier sa présence, la rendre heureuse et qu'elle se sente bien. À partir de là, pense-t-il, tout est plus simple.

Exercice de gratitude

Pour vous entraîner à voir les bons côtés de votre existence, exercez-vous à la gratitude. Listez toutes les raisons que vous avez d'être reconnaissant à la vie, dans tous les domaines. De même, notez toutes les raisons que vous avez d'être reconnaissant aux personnes que vous avez croisées, que ce soient des proches (parents, oncles, frères et sœurs) ou des moins proches (professeurs, médecins, patrons, collègues...) ou des quasi-inconnus qui, en une phrase, vous ont aidé. Et pourquoi ne pas les remercier de ce qu'ils vous ont donné par une lettre ou un coup de téléphone ? Éprouver de la reconnaissance fait du bien, et la dire ou l'écrire encore plus.

• Mesurer sa chance

Mesurer notre chance est un plaisir gratuit. Il n'y a rien à changer, rien à acheter, il suffit de constater nos extraordinaires avantages : pouvoir dormir dans un lit chaud, nous laver, manger, étudier, travailler, être soignés vite et bien, circuler sans être terrorisés par des balles qui sifflent autour de nous. Si on est une femme, pouvoir vivre sa vie sans subir de domination. Si on est âgé, ne pas craindre de devenir une charge pour ses enfants grâce à des aides, une pension. Quand on pense aux drames du monde, on relativise les siens. Je pense à ceux qui souffrent de maladies dégénératives, invalidantes et douloureuses. Aux femmes battues (deux millions en France, une mort tous les trois jours sous les coups d'un conjoint violent), et aux femmes violées, excisées. Aux victimes de harcèlement moral ou sexuel, qui se taisent par peur de perdre leur emploi. À la terreur que font régner les guerres sur les populations civiles et à leurs bains de sang. Aux enfants maltraités, impuissants devant la violence des adultes. Aux neuf cents millions de personnes dans le monde qui souffrent de la faim. À ceux qui dorment dans la rue. Aux malades des pays « émergents » qui font des heures de marche et de queue pour atteindre un dispensaire où n'officie qu'un seul médecin, dans des régions où les médicaments sont rares, les hôpitaux inaccessibles. Aux victimes de tsunamis qui ont tout perdu... « Depuis deux ans, depuis la crise, je pense beaucoup au malheur des autres, dit Thierry. Je ne me sens pas le droit de me plaindre. » D'autres se réfèrent aux époques terribles où les jeunes gens partaient se faire tuer à la guerre. Au passé de leurs parents. « Nous étions tellement pauvres que ma mère travaillait douze heures par jour, sept jours sur sept pour élever ses trois filles. Elle n'avait pas le temps d'avoir des amis, de rire, de se détendre... Moi, j'ai un travail, un toit, pas de bouches à nourrir, je peux

m'acheter des vêtements et des livres, ça me suffit ! »
constate Bénédicte, qui pourrait se plaindre – comme
tant d'autres – de n'avoir, à 40 ans, ni compagnon ni
enfant. Pierre, lui, a vécu une enfance matériellement
difficile. « Nous terminions les fins de mois avec du
café au lait et des tartines. Je vis dans un petit appartement en banlieue parisienne et je suis très "juste"
financièrement : peu de vacances, peu de loisirs
payants, mais je me réjouis chaque jour d'avoir de
quoi manger et de "faire des réserves" comme disait
ma mère. Avoir un "frigo plein", quelle chance ! »
Parfois, il faut des coups durs pour apprécier sa vie.
C'est au sortir d'une maladie, en voyant des amis
endeuillés autour de nous, en constatant les effets
de la crise sur d'autres familles que nous prenons
conscience que « grosso modo, tout va bien », que le
plus grave nous est épargné et, comme dit Juliette,
qu'« on aura bien le temps d'être malheureux.
Profitons-en ! ». Il arrive aussi qu'il faille passer par
une maladie très grave pour comprendre à quel point
nous tenons à la vie.
« On a deux vies, et la deuxième commence quand
on se rend compte qu'on n'en a qu'une » disait
Confucius[1].

• Mesurer le chemin parcouru

Bien plus qu'à nos manques, pensons au chemin parcouru, à tout ce que nous avons construit. Sonia a
45 ans, elle est divorcée. Elle n'a pas d'amoureux,
mais elle est fière de l'autonomie qu'elle a conquise,

---

1. *Les Entretiens de Confucius*, Gallimard, collection « Folio », 2005.

de son merveilleux petit garçon, de ses amitiés, de sa jolie maison, de ses meubles, de ses vêtements si bien choisis et gagnés grâce à son passionnant travail d'infirmière. Elle habitait un village et rêvait de s'installer à Paris. Pendant neuf ans, elle a vécu une relation maritale éprouvante : « Je ne savais pas que le viol entre époux existait. » Un jour, elle est partie avec son bébé sous le bras. Elle est venue en région parisienne. Elle a travaillé (dix heures par jour) et fini par bien gagner sa vie. Aujourd'hui, elle peut payer une pension alimentaire à son triste ex-mari, élever son fils... Quelle réussite !

Même constat chez Théo : « Il n'est pas un jour sans que je pense à d'où je viens. Tout gosse, je rêvais de faire de la radio mais je ne connaissais personne, je vivais à six cents kilomètres de Paris et j'étais un pur autodidacte : je n'avais même pas le bac ! Vingt ans plus tard, je passe à l'antenne tous les jours, on me voit à la télé, et j'ai une carte de presse professionnelle. Entrer dans le métier par la toute petite porte, gravir les échelons, peu à peu, à force de travail et de volonté, voilà ce dont je peux être fier. Quand je regarde derrière moi, je me dis : il fallait le faire tout de même ! » Quant à Cécile, elle pense ne jamais se rétablir tout à fait d'une enfance gravement carencée en affection. Malgré un travail thérapeutique entrepris avec courage, elle sent un fond de tristesse qu'elle ne guérira jamais. Mais elle a essayé de ne pas faire peser sa souffrance sur les autres. Elle se targue même de savoir leur apporter du bonheur, d'être pour eux une présence joyeuse et bénéfique.

• Sortir de la « crispation idéaliste »

Tout le monde rêve d'avoir un travail passionnant, un conjoint qui ressemble au prince charmant ou à la femme idéale, des enfants qui donnent satisfaction sur tous les plans car ils sont beaux, travailleurs, intelligents, sportifs, populaires, adorables, serviables, en excellente santé, heureux vingt-quatre heures sur vingt-quatre et persuadés d'avoir les parents les plus merveilleux de la Terre. Tout le monde en rêve et personne ne le vit. Certains ont la chance de connaître des moments de contes de fées (coup de foudre, naissance d'un bébé forcément parfait, travail de rêve... pendant six mois) mais, sur toute une vie, il faut se battre, faire des efforts, surmonter des épreuves, vivre des chagrins, des tristesses, des révoltes, des déceptions et subir une tonne de contrariétés. Nous sommes plus ou moins frappés, mais « chacun son lot », soupiraient nos grands-mères. Si nous avions une autre vie, nous aurions d'autres soucis.

Un jour, Sophie en a eu assez de croire aux contes de fées. Elle s'est dit : « Eh bien oui, les choses ne se passent pas comme je le veux, et ce n'est pas grave. Oui, je vis avec un homme fatigué et taiseux. C'est comme ça ! Et ce n'est pas lui que je dois changer, mais moi ! Je dois apprendre à supporter cette peur du silence que je n'arrive pas à dépasser. J'ai décidé de n'être plus hyper exigeante avec l'autre et avec la vie et je m'en porte mille fois mieux. »

Même conclusion chez Sonia : « Je vis avec un homme nerveux et râleur. Je me suis battue longtemps contre son pessimisme. Aujourd'hui, j'essaie

de cultiver mon optimisme, ce qui est bien différent.
Qu'il soit comme il est. De mon côté, je vais vivre
mes joies. »

• **Accepter ce qui est**

Cette acceptation de ce qui est est le contraire de la
facilité. Y parvenir demande des efforts sur soi et du
temps. Le plus difficile est de ne pas s'accrocher à
des rêves impossibles et surtout à des rêves passés.
Comme il est douloureux de s'apercevoir que l'on
s'est trompé d'amour, par exemple. Nous ne vieilli-
rons pas ensemble. Nous ne connaîtrons plus les
extases, les fous rires, la complicité d'autrefois. Cet
amour s'est transformé. Il est devenu... autre chose.
Et si nous restons ensemble pour mille raisons
(les enfants, le confort matériel, la sécurité voire la
lâcheté), eh bien, nous allons devoir apprendre à
aimer cette relation transformée, à lui trouver des
avantages, à savoir apprécier ce qu'elle apporte.
Épouser le mouvement, faire avec, oublier l'avant,
les souvenirs du temps idyllique pour se recentrer
sur le présent et voir ce qu'il offre toujours de beau,
et de bon, voilà qui est difficile mais nécessaire si
l'on veut garder le moral. Demandons-nous : « Que
puis-je en faire ? Que puis-je améliorer en moi ? Que
puis-je apprécier aujourd'hui ? » Estelle se sent bien
depuis qu'elle n'attend plus le prince charmant et le
« boulot de ses rêves ». Elle a décidé d'apprécier sa
vie telle qu'elle est. « Je me souviens d'une série qui
s'appelait *Life* je crois. Le héros était un prisonnier et
il disait : "Je suis peut-être entre quatre murs mais

ma vie, c'est actuellement, et c'est ici." Et dans ces conditions, faisons au mieux ! »

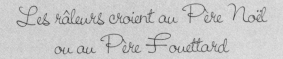

Les râleurs croient au Père Noël ou au Père Fouettard

Les râleurs sont très difficiles à vivre pour les autres parce qu'ils sabotent l'ambiance mais on leur pardonne car ils sont encore plus difficiles à vivre pour eux-mêmes. Il en existe de deux sortes :

• **Ceux qui croient au Père Noël** en se représentant le monde comme une sorte de mécanique où tout s'emboîterait parfaitement, sans qu'ils n'aient à subir aucune contrariété. Les enfants sont prêts à l'heure, il n'y a jamais aucun embouteillage aux heures de pointe, le travail de leur collègue est impeccable. Naturellement, ils sont sans cesse déçus de devoir redescendre sur terre, dans la vraie vie, où des grains de sable viennent sans cesse gripper les engrenages. Paradoxalement, les fatalistes ont bien meilleur moral : quand « tout roule », ils sont émerveillés, ils crient au miracle et se réjouissent de cette journée bénie.

• **Ceux qui croient au Père Fouettard.** Jamais contents d'eux-mêmes, ils estiment qu'ils devraient faire plus, mieux, plus vite. Ils ne pensent pas qu'ils devraient vivre au paradis comme les précédents mais qu'ils devraient être des dieux, capables de performances et de perfections à longueur de journées, de nuits et d'années. Bien sûr, ils se déçoivent, ils perdent courage mais pour se booster, ils se « fouettent » en s'adressant quantité de reproches. Ils sont en guerre permanente contre eux-mêmes et finissent par être invivables pour tous. Les bons vivants ne s'imposent jamais rien, ils se donnent des arguments pour faire les choses :

« Quand tu auras tondu la pelouse, tu seras content de toi. Ta femme sera épatée. Tu pourras lire ton journal tranquillement. » Ils ont un autre truc formidable : ils savent choisir les mots. Ainsi, ne parlent-ils jamais de « corvée » mais de « mission » : « J'ai rempli ma mission du jour, je suis allé à Carrefour. »

• **Savourer l'instant**

Il est possible de se créer au quotidien des espaces d'éternité : prendre le temps d'une caresse, de humer l'odeur de l'herbe coupée, de réfléchir à partir d'une citation, d'écouter les paroles d'une chanson ou les variations d'un adagio, de regarder dormir un enfant, de passer la main dans les cheveux d'une personne aimée, de savourer sa présence, son sourire, de profiter du ronronnement d'un chat ou du bruissement du vent dans les feuilles ou de la rumeur de la ville autour de soi.

Et quand on a des soucis plein la tête ? L'idéal serait de pouvoir remplir ses obligations (chercher un emploi, aller à l'hôpital, trouver des solutions à ses problèmes) et de ne plus y penser. De s'autoriser à savourer quelques plaisirs, même minuscules, et bien moins nombreux, évidemment, que lorsque tout va bien. Mais comment faire ? Se concentrer sur une seule activité, une seule idée. Imaginer un coin de ciel bleu dans un ciel ombrageux et se fixer sur cette image-là, jouer avec ses pensées en lavant les nuages alentour, en laissant percer de la lumière, le soleil de plus en plus lumineux et envahissant.

Exercez-vous aussi à la méditation. Elle consiste à se recueillir en soi-même. À se centrer sur sa respiration ou sur les bruits extérieurs ou sur ses pas en marchant ou sur le goût de la nourriture dans sa bouche. Chaque geste de la journée peut être l'objet de cette application attentive. Méditer n'est pas facile. Mille pensées surgissent. Observez ce qu'elles font : elles vous jugent (« Je suis nul ; je n'y arrive pas »), elles s'enfuient, elles se décousent, elles s'inquiètent, elles s'éparpillent... Accueillez-les avec bienveillance sans attente (rien n'est souhaitable ou pas), sans filtre (acceptez ce qui vient), sans jugements (rien n'est bien ou mal, désirable ou non). La méditation apaise. Elle rend plus tolérant envers soi-même. Elle permet de mieux savourer l'existence en dilatant ses sensations. Elle aide à se sentir plus réceptif à l'instant et donc, à se sentir plus vivant.

Sois à ce que tu fais

Telle est l'antique et universelle recette pour fuir nos maux : se concentrer sur le moment présent, « être à ce que l'on fait », écouter ce que l'on entend, regarder ce que l'on voit. « Quand je danse, je danse ; quand je dors, je dors » écrivait déjà Montaigne[1]. Penser au passé nous éloigne du présent. Le futur est porteur d'espoir mais il n'existe pas encore. Le seul temps où nous sommes vraiment, dans lequel nous pouvons nous sentir vivants, est le présent.
Apprendre à regarder, à écouter, à être présent à soi-même et aux autres nous écarte de la routine, du sentiment de « non-vie » si déprimant. Le quotidien le plus familier se renouvelle sans cesse par l'attention. Marie raconte une

---

1. *Les Essais*, trois tomes, Le Livre de Poche nos 1393, 1395 et 1397.

sortie d'école particulière. Elle s'est dit ce jour-là, en sentant les petites mains de ses deux enfants dans les siennes, que c'était un moment délicieux. Elle s'est imprégnée de cette sensation de confiance, de paix, de leur consistance chaude et potelée... Un moment qu'elle n'oubliera jamais (et que nous pouvons savourer, même en période de crise). Un exemple montrant que le bonheur est plus à accueillir qu'à rechercher.

• Bousculer la routine

Que de bonheur aussi à bousculer l'ordinaire ! Il prend alors du relief. Faites-en l'expérience : changez de place à table, postez-vous dans un endroit de la maison où vous ne faites habituellement que passer : un couloir, un recoin, l'encadrement d'une fenêtre. Voyez les pièces d'un autre point de vue, assis, couché... et pourquoi pas en montant sur les tables comme le proposait le professeur Keating dans *Le Cercle des poètes disparus*[1] à ses élèves afin de les ouvrir à une autre manière de penser, plus personnelle. Bousculer la routine, c'est aussi faire des projets. « C'est paradoxal, dit Sophie, mais j'essaie de vivre un jour après l'autre et, en même temps, d'avoir des perspectives agréables. J'ai le sentiment que je suis bien quand je vais toujours vers quelque chose, une curiosité, une expérience. » Tenter d'habiter chaque minute de sa vie, voilà qui regonfle à bloc. Se concentrer sur ses sensations, ses activités et se

---

1. Un film de Peter Weir, sorti en 1989. Le professeur Keating est interprété par Robin Williams.

donner des satisfactions, aussi humbles soient-elles. Comme Catherine qui se réjouit d'avoir cessé de se ronger les ongles, à 38 ans : quelle victoire !

Aimer la vie

• Rechercher la beauté

Je me rappelle avoir réalisé voici une trentaine d'années un reportage à la cité des Quatre Mille de la Courneuve, dans la banlieue parisienne. Comment ne pas être frappé par ces immeubles gigantesques, ces « barres » grises (en partie détruites aujourd'hui), ces rideaux de fer baissés, ce béton sans verdure, ces cages d'escalier dégradées et puantes, ces ascenseurs en panne, ces tags sans beauté : tout était laid ! Or la laideur est un peu comme le mauvais temps, elle donne envie de fuir ou de se replier sur soi. Elle nous met de mauvaise humeur, nous attriste, voire nous effraie. Alors que la beauté produit l'effet inverse. À l'instar d'un temps ensoleillé, elle illumine, elle invite au respect, à l'élévation. On se sent grandi, enveloppé, embelli par la beauté d'une nature grandiose, chatoyante de couleur, pure comme la surface lisse d'une mer tranquille. L'environnement joue sur notre moral. Juliette, qui a été une enfant triste et mal aimée, assure que la beauté du cadre dans lequel elle a grandi l'a sauvée du désespoir.

Recherchons la beauté : elle est partout. On se moque volontiers de moi car je trouve toujours de la beauté en quelqu'un, même si son physique ne correspond pas du tout aux critères esthétiques habituels. Je vois la belle ligne d'un nez, la joliesse des coins de bouche, la forme des yeux si rare, une posture, un geste gracieux, la finesse des attaches comme d'autres savent admirer les jeux de lumières soulignant la ciselure d'une feuille de nénuphar, la belle perspective au croisement des rues, l'intimité d'une place, le mariage des nuances de vert dans une forêt, le jeu des mousses sur les troncs, les formes des stratus et des cumulo-nimbus dans un ciel aux splendides dégradés de bleus. Ou j'écoute la beauté d'un timbre de voix, la ligne mélodique époustouflante du rossignol philomèle.

Mais il y a aussi la beauté d'un sourire, d'un regard, d'une relation. Pascale, qui est photographe, a l'art de saisir ces moments de tendresse infinie entre un père et son fils, une mère et son bébé, la beauté de deux mains s'enlaçant dans un moment d'amour naissant ou d'une fin de vie. Des gestes, des sourires, des tendresses qui existent partout et aussi, heureusement, à la Courneuve, en plein tsunami, là où on a faim. C'est ce qui nous sauve, nous console, inspire joie et réconfort dans les pires moments !

Ralentissons parfois le pas. Sachons regarder et écouter. Nous sommes cernés par des beautés qui nous échappent. Joshua Bell, violoniste virtuose donnant des concerts dans le monde entier, est un jour descendu jouer dans le métro new-yorkais, et personne ne s'est arrêté...

• Stimuler sa curiosité

D'où vient la joie de vivre des enfants ? Mais de leur capacité à s'intéresser à tout. Nous leur fournissons des jouets compliqués, alors qu'ils peuvent se contenter d'observer pendant des heures une colonne de fourmis, faire semblant de conduire une voiture en tenant une assiette en carton dans les mains, ou se croire princesse ou chevalier en transformant un torchon en costume.

Pour avoir le moral, nous avons besoin de nous sentir concernés par ce que nous voyons et entendons. Nous avons besoin de nous sentir appartenir à un vaste ensemble qui relativise notre petite existence et la rend passionnante. Si je regarde les objets qui se trouvent sur mon bureau alors que j'écris, je trouve un monde à ma portée. Chaque objet est susceptible de piquer ma curiosité, si je commence à m'y intéresser : tiens, une simple gomme. Pourquoi est-elle blanche, en quelle matière est-elle faite ? Pourquoi certaines sont-elles bleues ou roses, les unes lisses, les autres granuleuses ? Quand ont-elles été inventées ? Outre la mine de crayon à papier, que peuvent-elles effacer ? Où les produit-on ? Est-ce une industrie en perte de vitesse, en pleine reconversion ? Que fait-on d'autre avec ses composants ? Viennent ainsi mille questions. Entretenons cette curiosité. Utilisons Internet qui apporte mille réponses et soulève autant de questions. Quelle chance de connaître cette mutation technologique !

Nous avons besoin, pour aimer la vie, d'alimenter notre curiosité. Une curiosité qui la rend plus riche, plus intéressante. Elle relativise aussi notre modeste condition. Nous sommes minuscules dans un ensemble qui nous dépasse.

• Se relier à plus grand que soi

Dans le désert, sur la mer, en contemplant les étoiles ou le ciel, nous éprouvons ce « sentiment océanique » dont parlait Romain Rolland dans une lettre à Freud, celui d'appartenir à un ensemble qui nous dépasse, nous élève, nous transcende. Il n'est pas nécessaire de croire en Dieu pour l'éprouver. Carmen se dit athée et pourtant, un jour, dans le désert saharien, elle est montée sur une petite colline. Il n'y avait que des pierres et du sable à perte de vue. Elle s'est sentie minuscule, à la fois dominée et protégée par cette immensité. Des marins en pleine mer, des promeneurs dans la forêt décrivent cette même impression.

Quelle émotion, encore, de voir la trace de la main d'un homme préhistorique ayant vécu voici des millions d'années ! Une main qui ressemble à la nôtre, qui esquisse le même geste que celui de nos enfants à l'école maternelle.

« Voir de l'art, pour moi, c'est aiguiser ma curiosité, faire une rencontre, voir des choses qui racontent des histoires, m'ouvrir à d'autres gens qui ressentent les mêmes émotions mais les expriment autrement. Les grands artistes savent arrêter le temps, offrir un moment de communion », constate Julie, qui ne se lasse pas des expos.

S'émerveiller de l'art ou de la nature est une caractéristique de ceux qui savent garder le moral.

• Se sentir appartenir à l'espèce humaine

Nous ne sommes ni mieux, ni moins bien que les autres. Nous appartenons tous à l'espèce humaine. Et il importe pour notre moral de le ressentir, afin de ne pas haïr, détester ou idolâtrer – autant de sentiments délétères. Il y a bien sûr les appartenances de proximité : la famille, le milieu, l'entreprise, la communauté dans laquelle nous nous sentons chez nous, accueillis. Mais, plus largement, les voyages nous ouvrent au monde, nous font comprendre les différences et les ressemblances. Car, partout, les hommes et les femmes mettent au monde leurs bébés, installent leurs échoppes au petit jour, fabriquent des bijoux, des objets, des maisons, s'organisent, élisent des chefs, adorent des dieux et arborent le même sourire pour se saluer et se souhaiter la bienvenue. Comme nous aussi, ils vivent, ils aiment, ils souffrent et ils meurent. Cultiver cette solidarité humaine au sens large nous change la vie. Rien ne me réjouit plus que de parler à quelqu'un dans une queue de supermarché. Que de sourire à une complice dans le métro (avec les hommes c'est toujours plus ambigu pour une femme, hélas). Parlez « avec tout le monde » pour vous ancrer dans une ville, un quartier. Ne soyez pas seuls et ne laissez pas les autres se replier sur eux-mêmes. Participez aux fêtes de voisins, devenez bénévole, proposez des sorties. Cinq millions de personnes, selon la Fondation de France, ont uniquement des conversations utilitaires. Si vous cherchez un sens à votre vie, il est tout trouvé : allez vers les autres, souriez-leur, créez du lien social, donnez un euro mais surtout un sourire, faites des compliments, remerciez les gens d'être aimables, à l'heure, sympathiques. Il y a vraiment de quoi faire pour leur moral, donc pour le vôtre.

CHAPITRE XII

TOUTES LES RAISONS
D'ÊTRE CONFIANTS

Il est difficile, quand on traverse une sale période, de garder le moral, de rester combatif et confiant. Et pourtant, une crise n'est pas faite pour durer. Elle est un choc, une tempête mais elle est surtout un appel au changement : les choses (l'organisation d'une société, les relations d'un couple par exemple) ne peuvent rester en l'état. Il faut assouplir, réaménager, supprimer, ajouter, bref procéder à des transformations car les coutures craquent. Une crise, c'est un costume qui ne convient plus à celui qui l'habite. Dans le domaine de la santé aussi, la maladie est un appel à la réparation d'un organe, d'un muscle et à un changement d'habitudes, de mode de vie.

Une crise ne dure pas

D'ailleurs, bien des analystes voient la crise économique que nous traversons comme une mutation. La mondialisation est un fait : comment s'adapter ? Et chacun y va de ses solutions pour « retailler le costume ». D'autres mutations s'opèrent. Nous passons de la « culture de l'index », où les chefs régnaient sur leurs subalternes, les riches sur les pauvres, les experts sur les ignorants, les adultes sur les enfants, les maris sur leur épouse... à la « culture du pouce », celle de la tribu, du partage, de la collaboration. Dans la « culture de l'index », on était pour ou contre, on se battait, on guerroyait. Dans la « culture du pouce » (en référence à l'enfance, à l'ouverture, à l'usage du mobile) on se méfie moins, on met en commun les expériences, les savoirs (Wikipédia en est un exemple). On négocie des compromis, on cherche à harmoniser les différences[1].

Évidemment, on a peur pour son pouvoir d'achat, sa santé, sa retraite. Les uns s'accrochent à tous ces avantages gagnés et acquis. Les autres commencent déjà à s'adapter.

Nos capacités d'adaptation sont infinies

Car notre grande force réside dans nos capacités d'adaptation. Nous sommes installés dans nos habitudes, nos fonctionnements. Nous pensons ne jamais pouvoir supporter une baisse de notre niveau de vie, un divorce ou une maladie. Et, dans un premier temps, il est vrai que c'est un cataclysme. Yvan a un cancer et il est en pleine révolte. Il ne veut rien savoir du monde des malades. Il va à l'hôpital avec des œillères, ne parle à personne, méprise tous ceux qui font l'inventaire de leurs pilules et de leur chimio. Il est fou de rage, révolté qu'un cancer le frappe alors qu'il a toujours veillé sur sa santé : pas de tabac, pas d'alcool et de l'exercice physique au moins trois fois par semaine... Six mois plus tard, il s'est lié d'amitié avec un jeune homme auquel il remonte le moral. Il assiste

---

1. Cette analyse est inspirée par l'ouvrage de Michel Serres, *Petite Poucette*, éditions Le Pommier, 2012.

à des réunions qui le renseignent sur sa maladie. Il a du mal à lire mais il s'est mis à écrire « son époque » pour laisser un document à sa fille. Il est heureux les jours où il n'a pas mal. Ses relations avec sa femme se sont apaisées car ils ne considèrent plus ce qu'ils ont raté mais ce qu'ils réussissent : être soudés devant la maladie, dignes, faire quelques projets ensemble, ce qui ne leur était pas arrivé depuis des années.

Peu à peu, des ajustements se mettent en place. On apprend à faire avec. En pleine dèche, Jeanne a pris des habitudes qui ont fini par ne plus lui « coûter ». Elle ne va plus au restaurant. Elle préfère les soirées chez les uns ou les autres, moins chères et plus conviviales. Elle ne va plus au théâtre ni au cinéma, mais ses amis et elles se réunissent et louent un film sur VOD. Elle n'achète que ce dont elle a vraiment besoin, délaissant le superflu. Elle traque tout ce qui ressemble à un achat compulsif en laissant chez elle sa carte bleue et son chéquier. Elle suit scrupuleusement sa liste de courses et n'emporte jamais plus d'euros qu'elle ne peut et ne veut en dépenser.

Jeanne, qui a aussi connu un divorce et des problèmes de travail, constate qu'avec le temps, on trouve forcément une solution. Il y a toujours un « petit miracle », dit-elle, qui se présente presque naturellement et nous montre que, finalement, ce n'était pas si grave. Et si le miracle ne vient pas, on prend l'habitude d'avoir moins. Depuis des années, Jeanne a ses « combines ». Elle n'achète que des produits de saison ; elle va faire les courses en fin de marché, quand on vend les fruits et légumes à moitié prix. Elle s'habille dans les dépôts-vente où elle prend autant de plaisir à s'offrir une robe que si elle était neuve. Il lui arrive de faire du troc avec une copine, grande lectrice : une séance de massage corps-visage contre trois bons romans. Elle n'éprouve aucune satisfaction à boucler difficilement ses fins de mois. En revanche, elle est contente de réussir à gérer si bien son petit budget, fière de « s'en sortir avec si peu », de se sentir maligne, vigilante. Les bons jours, il lui arrive même de trouver que c'est « un jeu ». Avec le temps, nous nous adaptons à tout, nous trouvons en nous des ressources qui demeurent en sommeil quand tout va bien. À l'idée d'avoir moins d'argent, d'être en moins bonne santé, de vieillir, nous paniquons car nous raisonnons avec nos émotions de personnes jeunes, aisées ou en bonne santé. Mais le moment venu, nous trouvons des solutions. Face à la crise, les Français reviennent aux plaisir simples commes la cuisine et le jardinage. Ils mangent moins de viande et de poissons, mais découvrent les céréales et ne renoncent pas aux légumes. Ils achètent moins de vêtements mais continuent de s'équiper en moyens de communications modernes. Ils font des choix, découvrent des bonheurs gratuits et se rapprochent... en passant encore plus de temps à table.

L'histoire d'Ishi

L'une des plus belles histoires d'adaptation est celle d'Ishi, un Indien de Californie qui vivait au temps de la ruée vers l'or, dans la région de Sacramento. Sa tribu y était établie depuis 30 000 ans et tous les siens avaient peu à peu été exterminés. Finalement, Ishi est resté seul, terré entre falaises et rivières. Au bout de quatre ans d'extrême solitude, à bout de forces, il décide de « se rendre à la civilisation ». Un matin, on le trouve dans un ranch, affamé, terrorisé, nu sous un poncho fabriqué dans une bâche, les cheveux brûlés en signe de deuil. Pour éviter qu'il ne soit tué à son tour, le shérif le fait mettre en prison. Et là, Ishi découvre que plus personne au monde ne parle sa langue. Le directeur du musée de l'Homme de San Francisco, Alfred Kroeber, comprend tout de suite le drame humain qui se joue. Il vient voir Ishi. Il fait appel à des Indiens de tribus avoisinantes pour trouver un vocabulaire commun. Un jour, Ishi reconnaît enfin le mot « bois » et la joie revient sur son visage. Il reprend espoir. Le Dr Kroeber le ramène avec lui au Museum. Ishi apprend un peu d'anglais mais refuse deux choses : la première, de dire son nom. Pour tous, il restera Ishi, ce qui signifie dans sa langue « être humain ». La seconde est d'être une charge. Il ne veut ni pitié, ni charité. Aussi propose-t-il de devenir le concierge du musée et de faire des « animations » pour montrer aux visiteurs comment, dans sa tribu disparue, on taillait les flèches, on faisait du feu, on fabriquait des chaussures. Il emmène aussi les anthropologues, devenus ses amis, là où il a vécu. Malheureusement, il attrape la « maladie des Blancs », la tuberculose. Il ne témoigna jamais ni haine ni rancune à l'égard de ceux qui avaient massacré les siens. Il les appelait seulement des « saltu », c'est-à-dire des hommes qu'il ne pouvait pas comprendre. Il mourut sans une plainte[1].

---

1. Cette histoire a été racontée par Theodora Kroeber dans *Ishi : testament du dernier Indien sauvage de l'Amérique du Nord*, Pocket, collection « Terre humaine », 2002.

Souvent le plomb se change en or

Évidemment, nous nous passerions volontiers des épreuves et des traumatismes mais constatons que, de ce plomb, nous faisons parfois de l'or. Jeanne, l'enfant délaissée, est devenue une championne du lien social. L'histoire de Philippe, enfant rejeté par sa mère, est, à ce titre, riche d'enseignements : sa mère l'a trouvé « odieux » dès la naissance. Elle a fait une sorte « d'allergie » à son bébé. Elle n'a pas pu le prendre dans ses bras pendant six mois. La santé de son petit garçon était le cadet de ses soucis. Sa myopie ne fut découverte qu'en sixième. Pourtant, Philippe se trouve « chanceux ». Cet abandon lui a permis de développer une vitalité extraordinaire. Il dort très peu, n'est jamais malade, ne prend aucun médicament. Comme il ne pouvait puiser dans l'amour de ses parents pour grandir, il a dû trouver de grandes forces en lui-même, travailler énormément sur son bien-être par la pensée positive, la méditation, la respiration, la visualisation, l'acceptation de ce qui est. Et comme personne ne le faisait, il a appris à s'apprécier. Pour y parvenir, il faut souvent l'aide d'un psychothérapeute. Justement, une pédopsychiatre comme le professeur Catherine Jousselme, par exemple, souligne les qualités d'alchimiste de ses petits patients : « On t'a fait tellement de mal et toi, que veux-tu ? Tu rêves de faire pousser de belles fleurs, tu veux devenir jardinier, rendre le monde plus beau ! C'est formidable ! »

Un des « outils » du coaching consiste à lister les valeurs et les qualités développées à partir de nos pires expériences. Le résultat est stupéfiant! Nous avons acquis la patience, l'humilité, appris à aimer, à devenir courageux... De nos manques ont pu naître nos passions, nos vocations, nos centres d'intérêt. Bastien est devenu brillant à l'école parce qu'il s'ennuyait chez lui. André était reclus dans une maison à la campagne, entre deux grands-parents inquiets et âgés. Pour s'occuper, il s'est intéressé aux plantes et aux fleurs. Enfant, il les observait à la loupe, il leur parlait. Aujourd'hui, il est une sommité en botanique. Quelles forces, quelles ressources avez-vous développées à partir de vos manques? Comment tirer le meilleur parti possible de ce qui arrive? Savoir relever les défis que nous lance l'adversité, voilà qui booste le moral pour un bon moment.

La joie de faire contre mauvaise fortune bon cœur

Nous desservons les « enfants-rois » en leur faisant accroire que le monde est à leurs pieds, que leurs moindres désirs seront exaucés et qu'ils seront tout-puissants dans la vie comme ils le sont à la maison. Car on les prive d'une grande joie : celle de mettre en œuvre leur intelligence afin de contourner la frustration. Observez un enfant auquel on interdit de prendre des cacahuètes, sur la table basse où est dressé l'apéritif des grandes personnes. À moins d'être un enfant gâté sachant que ses parents céderont, il ne fait pas de caprice, mais il ruse avec la contrariété. Et cette ruse devient un jeu. Benjamin est interdit de cacahuètes, alors il prend sa petite auto et fait du slalom entre les

verres en regardant sa maman : c'est possible ? Non,
ce n'est pas possible non plus. Alors, il se replie sur le
tapis et commence à jouer avec la balle du chat et la
voiture : c'est possible ? Elle fait un signe de tête et il
est tout content car il vient d'inventer un nouveau jeu,
tout seul, la « balle auto-tamponneuse ».

Ceux qui ont gardé cette créativité de l'enfance,
cette capacité à « faire contre mauvaise fortune bon
cœur », à transformer la contrariété en joyeuse fantaisie ou en opportunité sont des gens heureux. C'est
le cas de Cécile, qui profite des embouteillages pour
rêver, chanter à tue-tête, écouter une bonne émission, se retrouver. Il est très rare qu'elle s'énerve. Et
si elle a un rendez-vous ? L'exaspération ne changera
rien à son retard. Autant se calmer ! Au supermarché, quand elle doit faire la queue aux caisses, elle
s'amuse à imaginer la vie des gens en regardant le
contenu de leurs Caddies : célibataire, famille nombreuse, au régime, un peu porté sur la boisson, pas
trop d'argent, du bio pur et dur : tiens, je l'aurais
deviné à la silhouette et au teint pur ! Elle regarde
aussi comment sont organisés les rayons, s'intéresse
aux produits, à la façon dont les employés déballent
les marchandises — à toute allure, quelle dextérité !
Elle est heureuse de sa vie, même dans les moments
contrariants car elle sait les transformer en une
expérience intéressante. Un jour, lors d'un voyage
au Sénégal, le car de tourisme dans lequel elle se
trouvait s'est embourbé dans un village. Les autres
voyageurs sont restés assis dans le véhicule malgré
la chaleur en pestant contre le chauffeur et les orga-
nisateurs. Cécile a eu une idée : elle est descendue

du car pour photographier les enfants et leur montrer leur bouille. Pendant deux heures, elle a joué avec eux. Ils étaient heureux, elle aussi. Un des meilleurs moments de son séjour !

Les personnes les plus heureuses ont de la fantaisie. Elles savent créer de l'inattendu, s'amuser au cœur des obligations. Elles ont l'impression réjouissante de savoir conjurer le sort, être bien malignes pour déjouer les tracasseries de la vie. Tous les matins, Myriam doit passer par une rue ignoble, où tous les chiens du quartier viennent faire leurs besoins, pour emmener ses enfants à l'école. Pourtant, c'est devenu un plaisir. Pourquoi ? Parce qu'ils jouent à la guerre – ce qui n'est pas pour déplaire à ses garçons. Les crottes deviennent des mines sur lesquelles il ne faut surtout pas marcher : c'est dangereux ! Les passants sont bien étonnés de les voir rire et faire des acrobaties, tandis que les autres râlent et se bouchent le nez. En arrivant à l'école, les chaussures sont propres, les sourires radieux et ils ne sont jamais en retard : c'est chouette de se lever « pour aller jouer aux mines », disent les petits. Plutôt que d'attendre le bonheur, transformons ce qui est en petites joies !

On ne se sent jamais aussi « soi », aussi heureux, ni aussi vivant que lorsqu'on invente, lorsqu'on crée, lorsqu'on trouve des solutions inédites. L'écrivain Daniel Picouly racontait un jour à la télévision que, dans sa famille pauvre et nombreuse de rapatriés marocains, le soleil et la mer leur manquaient. Un jour, son père a eu ce geste formidable : il a poussé la table où tout le monde dînait et sur le mur blanc, il a tracé une ligne en s'écriant joyeux : « Mais la voilà, la mer ! » Et tout le monde l'a vue...

Plus inventifs, plus solidaires

Ce qui nous sauve de la crise, à l'échelle personnelle et collective ? La créativité et la solidarité. Les initiatives citoyennes se multiplient. Voyez tout ce que nous avons inventé : les Restos du Cœur, Médecins sans frontières, le commerce équitable, le covoiturage, la colocation...

Il y a ceux qui font du troc : des cours d'anglais contre du bricolage, du baby-sitting contre des kilos de fruits. Et on y prend goût, car non seulement on s'approvisionne, mais on « rencontre des gens ». Des bonnes cuisinières ouvrent des restaurants privés. Pour une somme modique, elles partagent un pot-au-feu maison et une tarte aux pommes. Six euros le repas ! Dans le Bas-Rhin est née une association multigénérationnelle. Les mamies préparent à déjeuner pour les enfants dont les parents n'ont pas les moyens de payer la cantine. Et tout le monde est content : les enfants parce que c'est bon, les mamies parce qu'elles se sentent utiles et voient de la « jeunesse ». Deux crises sont résolues grâce à une seule idée. De jeunes mamans ont inventé les « Mompreneurs » association de jeunes mères créant des entreprises individuelles pour travailler à la maison, tout en gardant leur bébé. Sylvia en fait partie. Elle dessine des petites chaises en bois, peintes au nom de l'enfant ; des cadeaux de naissance que l'on s'arrache. Elle a commencé par les vendre à ses copines, puis le bouche à oreille a

fonctionné. On voit aussi éclore des locations de machines à laver le linge. Des étudiants non équipés viennent faire leur lessive chez l'habitant : plus sympathique et moins cher que la laverie. Difficile de partir en vacances ? Sauf si on échange sa maison ; ce sont encore des amitiés qui se nouent. Ou si l'on passe par le « Couchsurfing », un réseau d'hospitalité où l'on est accueilli chez l'habitant, dans le monde entier, à peu de frais. Les seniors ne sont pas en reste. Les « Babayaga », vieilles dames de Montreuil (dans la région parisienne), se sont regroupées pour vivre leurs derniers jours, ensemble – et dans la solidarité. Les critères de recrutement ? Le sens de l'humour, un brin de féminisme et du tempérament. Il existe aussi des femmes divorcées avec enfants qui, pour éviter la déprime postrupture, vivent ensemble en colocation, le temps de retrouver leurs marques et un peu plus d'aisance financière. Une façon de former une nouvelle famille... Que d'idées et de rapprochements !
« Un pessimiste voit la difficulté dans chaque opportunité, un optimiste voit l'opportunité dans chaque difficulté », disait Winston Churchill[1].

Partout, l'union fait la force

Face à la crise, face aux difficultés parfois extrêmes, ceux qui s'en sortent se serrent les coudes, font évoluer la société, s'efforcent d'épargner aux autres le drame vécu. Geneviève Jurgensen, dont les deux

---

1. Cité par Luc Boyer et Romain Bureau, *400 citations pour le manager stratège : de Churchill à Woody Allen*, Éd. d'Organisation, 2010.

petites filles sont mortes dans un accident de voiture, a créé la si efficace Ligue contre la violence routière. Le comédien Patrick Chesnais, en souvenir de son fils Ferdinand, mort sur la route lui aussi, a œuvré dans le même sens. Antoine et Martine ont eu un enfant microcéphale qui n'a jamais pu marcher, parler, manger seul, se laver ni être propre. À plus de 20 ans, il était et resterait un bébé. Ses parents ont remué ciel et terre pour que les enfants comme le leur soient accueillis dans des structures spécialisées. Ils ont connu des parents dans la même détresse. Des voisins se sont mobilisés. Ensemble, ils ont bousculé les lois. Ils se sentent utiles non seulement à leur fils, mais à eux-mêmes, et finalement à la société entière. Quand ils ne trouvent pas que ce grand bébé est une lourde charge, ils vont jusqu'à dire qu'il a été « la chance de leur vie ». Il y a ce message que tous les survivants de la crise portent en eux : « C'est dur, très dur, mais on s'en sort. La preuve, regardez-nous ! »

Comme disait Jacques Prévert : « Il faudrait essayer d'être heureux, ne serait-ce que pour donner l'exemple[1]. »

Croire en l'être humain

Des élans de solidarité et de créativité naissent partout autour de nous. Les journaux locaux racontent des faits divers qui mettent du baume au cœur. Ce sont ces jeunes d'une cité qui se sont organisés à tour de

1. Jacques Prévert, *Spectacle*, Gallimard, collection « Folio », 2011.

rôle pour aider les mamans et les vieillards à monter les poussettes et les provisions dans les étages parce que les ascenseurs étaient toujours en panne. Ou ces gamins d'un lycée qui se sont tous rasés le crâne pour que leur copain en chimio n'ait plus honte d'être chauve. Traquer les « beaux gestes » que la presse nous raconte fait chaud au cœur car on se sent moins seul ; on se prend à penser qu'il est aussi de belles rencontres, des sauveurs, des anges gardiens. En période de crise, l'accent est mis sur le pire mais le meilleur est là.

Ainsi, l'abominable Breivik a massacré de sang-froid 77 personnes. Mais, au cœur de cette tuerie, des dizaines d'adolescents ont risqué ou perdu leur vie pour sauver celle des autres. Un garçon de 17 ans s'est mis devant une jeune fille de son âge pour la protéger ; il a pris la balle à sa place. Jeanne, 16 ans, a bravé la fusillade pour sauver deux camarades blessés en les mettant à l'abri. Eirin, une autre jeune fille, a troqué sa place contre une autre plus exposée, ce qui lui a valu quatre balles dans le corps. Elle ne regrette rien. Un garçon de 19 ans, Viljar, a reçu une balle dans la tête mais il ne s'inquiétait que de son petit frère. Des campeurs ont secouru des jeunes gens s'enfuyant à la nage[1]. Telle est l'espèce humaine, capable du pire mais aussi du meilleur.

---

1. D'après un article de Pierre-Henry Deshayes, « Éclats de beauté au procès de l'horreur », *La Montagne*, 15 août 2012.

Il faut s'aimer à tort et à travers

La seule réponse possible à la crise est celle du comédien, chanteur et poète Julos Beaucarne, écrite la nuit de 1975 où sa femme, la mère de ses deux enfants, a été assassinée :

« Mes amis,

« Ma loulou est partie pour le pays de l'envers du décor. Un homme lui a donné neuf coups de poignard dans sa peau douce. C'est la société qui est malade. Il nous faut la remettre d'aplomb et d'équerre, par l'amour, et l'amitié, et la persuasion.

« C'est l'histoire de mon petit amour à moi, arrêté sur le seuil de ses 33 ans. Ne perdons pas courage, ni vous ni moi, je vais continuer ma vie et mes voyages avec ce poids à porter en plus et mes 2 chéris qui lui ressemblent.

« Sans vous commander, je vous demande d'aimer plus que jamais ceux qui vous sont proches. Le monde est une triste boutique, les cœurs purs doivent se mettre ensemble pour l'embellir, il faut reboiser l'âme humaine. Je resterai sur le pont, je resterai un jardinier, je cultiverai mes plantes de langage. À travers mes dires, vous retrouverez ma bien-aimée ; il n'est de vrai que l'amitié et l'amour. Je suis maintenant très loin au fond du panier des tristesses. On doit manger chacun, dit-on, un sac de charbon pour aller en paradis. Ah ! Comme j'aimerais qu'il y ait un paradis, comme ce serait doux les retrouvailles.

« En attendant, à vous autres, mes amis de l'ici-bas, face à ce qui m'arrive, je prends la liberté, moi qui ne suis qu'un histrion, qu'un batteur de planches, qu'un comédien qui fait du rêve avec du vent, je prends la liberté de vous écrire pour vous dire ce à quoi je pense aujourd'hui : Je pense de toutes mes forces qu'il faut s'aimer à tort et à travers. »

Les crises peuvent faire surgir le meilleur en nous : la compassion, la gentillesse, la générosité. Sans réfléchir, on écoute (enfin !) son cœur. On devient l'un des douze millions de bénévoles en France qui se sentent citoyens et solidaires. On comprend aussi que notre modernité se fourvoie en promettant le bonheur par l'argent et la réussite sociale. Certes, l'aisance financière et le succès assurent le confort (qu'il n'est pas question de nier) et apportent de la reconnaissance (nous en avons tous besoin), mais le moral durable, la joie de vivre nous arrivent par l'amour, la générosité, le sentiment enivrant d'être soudés. Anna Gavalda, cette romancière qui sent si bien l'air du temps, a intitulé un de ses livres *Ensemble, c'est tout*[1]. Oui, ensemble, tout va mieux.

---

1. *Ensemble, c'est tout*, Le Dilettante, 2004 ; J'ai lu, 2006.

CONCLUSION

On écrit toujours pour soi, en priorité : et j'avais bien l'intention, en commençant ce livre, de guérir mes fluctuations de moral, de garder les hauts mais de calmer les bas que je connais depuis toujours. En fait, je voulais savoir s'il existe des moyens efficaces de se remonter le moral, même quand ça ne va pas fort, même quand nous n'avons aucune raison d'être très optimistes. La réponse est oui ! L'été dernier, j'ai eu « une pêche d'enfer ». Il faut dire que toutes les conditions étaient réunies pour que nous soyons heureux. Beau temps, ambiance conviviale, tout le monde en pleine santé. Pour la première fois de ma vie, je n'ai eu aucun mal à chasser les contrariétés, à m'interdire de me « faire des films » parce qu'on m'avait regardée, croyais-je, avec un peu d'hostilité, à imaginer que, dans quelques années, arriverait mon tour d'être malade comme le voisin d'à côté. Stop ! Je me « recentre », je savoure le moment présent, la beauté d'une lumière, le chant des oiseaux, l'air pur de la campagne et j'oublie. J'ai appris, en écrivant ce livre, que nous avons du pouvoir sur nous-mêmes. J'ai compris que quatre-vingt mille pensées nous traversent chaque jour l'esprit et qu'il n'appartient qu'à nous de les orienter, de les filtrer, afin d'empêcher les ruminations et autres « psychotages » de nous envahir l'esprit. Et ça fonctionne ! Nous bricolons tous plus ou moins pour nous remonter le moral ; en faire un but, avoir conscience des méthodes qui nous conviennent, rend cette démarche deux fois plus efficace.

Avant de mener cette enquête, je n'avais pas mesuré à quel point nous pouvons fabriquer notre bonheur ou notre malheur. Pour illustrer la puissance de nos pensées, Christiane Singer raconte, dans *Les Âges de la vie*[1], un fait divers incroyable. Un vendredi soir, un employé de chemin de fer entre dans un camion frigorifique pour le nettoyer, mais la porte se referme derrière lui. Le voici prisonnier pour tout le week-end car personne ne viendra le délivrer avant le lundi matin. La panique s'empare de lui. Il pense qu'il va mourir de froid et, en effet, il meurt. Sauf que... le système de réfrigération n'était pas branché. La température, tout à fait supportable, est restée constamment à 18°C. Pourtant, l'autopsie a révélé qu'il présentait tous les symptômes d'une mort par refroidissement. Conclusion : ce pauvre homme n'est pas mort de froid mais de l'idée du froid ! Ainsi peut-on mourir des films que l'on se fait ! Voilà qui, sans jeu de mots, refroidit... Son imaginaire l'a tué. Notre imaginaire est donc à la fois notre meilleur allié et notre pire ennemi.

De l'avoir compris m'a fait passer d'excellentes vacances, pour ne pas dire les meilleures de ma vie. Mais, à mon retour, l'un de mes rêves les plus chers s'est brisé. Je n'aurai jamais la vie que j'ima-

---

1. Albin Michel, collection « Espaces libres », 2000.

ginais depuis l'enfance, la vie pour laquelle j'ai tellement bataillé. J'ai éprouvé de la colère et, surtout, une tristesse infinie que j'ai laissé couler. Une vraie vallée de larmes. Avais-je le moral ? Non, pas vraiment, et pourtant, tout au fond de moi, je restais optimiste. J'ai pensé que ce n'était ni la première ni la dernière déconvenue de mon existence, et que de celle-là aussi, je me remettrais. C'est ce que ce livre m'a appris : nous pleurons mais nous nous adaptons à tout. D'une certaine manière, la vie est bien faite.

Il me restait encore une chose à comprendre, la plus difficile pour moi. Nous vivons aujourd'hui dans une société paradoxale de solitude et de réseaux. Une société impitoyable dans la mesure où elle n'autorise pas le repli sur soi. Si vous n'allez pas au-devant des autres, si vous n'activez pas vos relations, si vous ne sortez pas de votre coquille, eh bien, vous y resterez. Si je veux aujourd'hui garder le moral durablement et demeurer optimiste, il va me falloir apprendre, en vieillissant, à demander de l'aide, du soutien et à vaincre ma peur du refus. Il va falloir que j'accepte d'être redevable quand on m'aura aidée, que j'apprenne à remercier et à ne pas me formaliser quand les portes se fermeront. Aujourd'hui, saisir les mains tendues n'est pas suffisant. Il faut aussi savoir les solliciter et de plus en plus à mesure que l'on avance en âge.

Devenir plus humbles, tel est le défi que nous lance le monde moderne. Car il faut frapper aux portes pour tout : décrocher un emploi, trouver l'âme sœur sur les sites de rencontres, demander une caution pour un emprunt ou une location. Sans cesse, nous avons à demander de l'aide, à tout âge. Pour beaucoup, c'est le plus difficile. Mais telle est la rançon de « la culture du pouce » plus égalitaire, plus débrouillarde, plus conviviale : ce n'est plus le pouvoir qui donne le moral, c'est le partage !

BIBLIOGRAPHIE

Christophe ANDRÉ, *Les États d'âme : un apprentissage de la sérénité*, Odile Jacob « Poches », 2011.

Catherine BENSAÏD, *Aime-toi, la vie t'aimera*, Pocket, collection « Évolution », 2006.

Pascal BRUCKNER, *L'Euphorie perpétuelle. Essai sur le devoir de bonheur*, Grasset, 2000 ; Le Livre de Poche, 2008.

Piero FERRUCCI, *L'Art de la gentillesse*, Robert Laffont, collection « Réponses », 2007.

Laurent GOUNELLE, *L'homme qui voulait être heureux*, Pocket, collection « Best », 2012.

Alexandre JOLLIEN, *Le Métier d'homme*, Seuil, 2002.

—, *Éloge de la faiblesse*, Marabout, 2011.

Dominique LOREAU, *L'Art de l'essentiel*, J'ai lu, collection « Bien-être », 2009.

Sonja LYUBOMIRSKY, *Comment être heureux... et le rester*, Flammarion, 2008.

Albert MEMMI, *L'Exercice du bonheur*, Arléa-poche, 1998.

Moussa NABATI, *Guérir son enfant intérieur*, Le Livre de Poche, 2009.

—, *Le Bonheur d'être soi*, Le Livre de Poche, 2008.

Jean-Louis SERVAN-SCHREIBER, *Vivre content*, Le Livre de Poche, 2005.

Christiane SINGER, *Du bon usage des crises*, Albin Michel, collection « Espaces libres », 1996.

Si vous souhaitez apporter votre témoignage ou faire partager vos « trucs » pour remonter le moral, ou encore si vous désirez en savoir plus sur le coaching de vie, vous pouvez me joindre par mail : patricia.delahaie@laposte.net, ou sur mon site :
www.patriciadelahaie.com
ou encore me joindre sur :
www.faistonbonheur.com.

Du même auteur :

ÊTRE LA FILLE DE SA MÈRE ET NE PLUS EN SOUFFRIR, Marabout, 2001

CES AMOURS QUI NOUS FONT MAL, Marabout, 2002

FIDÈLE PAS FIDÈLE, Leduc, 2004

COMMENT PLAIRE EN 3 MINUTES, Leduc, 2005

COMMENT S'AIMER TOUJOURS, Leduc, 2006

COMMENT GUÉRIR DU MAL D'AMOUR, Leduc, 2008

REPÈRES POUR CHOISIR SES AMIS, SES AMOURS, Marabout, 2010

LA SEXUALITÉ EST UNE LONGUE CONVERSATION, Marabout, 2011

Composition réalisée par Datagrafix

Achevé d'imprimer en janvier 2013 en France par
MAURY IMPRIMEUR
45330 Malesherbes
N° d'impression : 178504
Dépôt légal 1ʳᵉ publication : janvier 2013
LIBRAIRIE GÉNÉRALE FRANÇAISE – 31, rue de Fleurus – 75278 Paris Cedex 06